MAX MAIA

DIAS MELHORES

FAÇA ACONTECER

Endosso

Aqui no hotel onde estou hospedado, na bela Santiago, capital do Chile, lendo Dias Melhores, escrito não só pelo pastor e executivo, mas por aquele que tenho o privilégio de chamar de meu amigo, Max Maia, lembro-me bem das circunstâncias em que nos conhecemos.

Bem diferente das belíssimas montanhas cobertas de neve que vejo agora através da janela, foi a bordo de um barco, cruzando os gigantes rios do Amazonas para levar um pouco dessa esperança no futuro que ele tão bem descreve em seu livro. Foi ali que o conheci. No campo de batalha, levando indígenas e ribeirinhos a perceberem e acreditarem que existe esperança em um futuro brilhante.

Max é um amigo que vive aquilo que escreve e fala. Sua vida e sua família são os maiores testemunhos do que ensina neste magnífico livro.

É pelo exemplo e pelas centenas de vidas transformadas que ele tem a convicção de que sim... É possível quebrar o ciclo a nós imposto pelas circunstâncias e pelo ambiente onde nascemos e vivemos e ressurgir para viver Dias Melhores.

Jair Gomes
Diretor de Proteção de Ativos Latam.
Essilor Luxottica.

“Existem amigos mais chegados que irmãos...”, com certeza esta verdade bíblica é real em minha vida ao pensar em Max Maia, meu amigo, parceiro de ministério e profissionalmente falando também.

Recomendar esta obra é, para mim, incentivar outros a conhecerem um pouco da vocação e paixão profissional deste meu amigo que tenho o prazer e intimidade de chamar de “presidente”. Já sonhamos muitas coisas juntos, realizamos muitas delas, incentivamos um ao outro em projetos ministeriais e tenho a convicção que este livro impulsionará milhares de leitores a viverem uma mudança completa, primeiro na mente e, consequentemente, em suas vidas.

Nestes últimos anos de caminhada e amizade com Max, tenho a alegria de aprender com ele e colocar em prática conselhos e dicas que ele tem compartilhado comigo e com nossa igreja aqui no Alphaville em Pinhais-PR.

Que “Dias melhores” cheguem em nossas vidas a partir do verdadeiro conhecimento e da graça do Senhor sobre nós!

Marlon Elias

Diretor Presidente London Arquivos e Sistemas e Pastor Sênior Movement Alphaville.

É com grande entusiasmo que recomendo o livro do meu amigo e parceiro de muitas aventuras humanitárias, Max Maia, talentoso autor que conquistará o seu coração e a sua mente com uma narrativa excepcional.

A escrita de Dias Melhores é uma viagem pela riqueza espiritual e cultural da vida, feita de experiências cativantes e fascinantes que Max viveu. Cada página é um recanto profundo da alma humana, sendo um convite a entender que tudo é possível. As palavras de Max nos iluminam por sua prosa cuidadosamente elaborada, simplesmente envolvente, facilitando aos leitores se conectarem e se identificarem com a história que ele tece.

Tenho experiência direta com a força, a constância e a inspiração que o Max possui e transmite às pessoas, às comunidades com as quais fala, trabalha e que apoia de muitas formas.

Ter sido seu colega e parceiro em várias missões filantrópicas, inspirou-me e me deu mais vontade de expandir a esperança no mundo. E se você pensa nela, nesta esperança, o nome de Max é aquele que pode vir facilmente à mente. Se você pensa que tudo pode acontecer, o otimismo e a atitude serena de Max são um testemunho do pedido ao universo e de sua resposta positiva.

Vejo neste grande homem uma autorreflexão profunda, grandes atitudes, generosidade, consistência no trabalho, sonhos, e essas são apenas algumas das características de alguém que pode guiá-lo em momentos difíceis, em uma situação complicada, e, ao mesmo tempo, fornecer ferramentas e inspiração para viver uma vida melhor (e espalhá-la), para evoluir como ser humano.

Este é o Max, e por meio dessa leitura, Dias Melhores estão chegando e tenho certeza que terão um impacto importante em suas vidas.

Daniele Cangemi
Head of LATAM for
OneSight Essilor Luxottica Foundation

Meu amigo Pastor Max Maia é um homem de Deus, visionário e empreendedor. O seu livro "Dias Melhores" é uma proposta fenomenal que fala sobre a vida e seus desafios na terra.

Meu amigo escreve, com graça, um conteúdo inteligente falando sobre a importância da vida que acontece por processos, momentos, afirmando que o passado não define a nossa vida.

O conteúdo incrível nos ensina e nos desafia a entender que precisamos construir novos caminhos e que a sabedoria de Deus é imprescindível para enriquecer a nossa vida aqui e agora.

Este livro impactará a sua vida te dando uma cosmovisão saudável, coerente e inteligente sobre a vida, alinhado com o modelo do céu.

Vale a pena ler e meditar no conteúdo desse livro, pois você receberá chaves espirituais para te capacitar a lidar com a vida e ser bem-sucedido!

Porque Deus tem melhores dias para a sua existência na terra.

Fábio Cosme
Bispo Igreja Metodista do Brasil

Agradecimentos

Dedico este livro aos amores da minha vida: aos meus filhos, Manuela e Pedro, e à minha esposa, Jéssica, ambos me ajudam diariamente a alcançar dias melhores! À minha querida mãe, que sempre me ensinou a importância de viver e construir dias melhores. Às minhas irmãs que amo e as admiro, em especial Anna Rita e Alanna, as mais velhas, que sempre cuidaram de mim.

A todas as pessoas que me ajudaram, me desafiaram, me inspiraram, que oraram por mim e que me encorajaram ao longo da jornada até aqui. Em especial, meu amigo Rev. Ananias Lúcio, que marcou a minha vida com tantos ensinamentos. Sempre procurei fazer com que todos vocês soubessem o quanto são importantes para mim. Ao Dênio Lara Jr., o maior incentivador dessa obra, e ao Júlio Rodrigues que me ajudou a me expressar em páginas. Ao Márcio Vargas e a toda equipe editorial da Plural que fez deste um livro melhor.

A você, sim, você mesmo que lê este livro, pois por chegar até aqui sei que almeja por dias melhores. E a todas as pessoas que estão sempre em busca de superar as suas adversidades, crescer e evoluir para mudar a sua realidade pessoal e social.

Com carinho,

Max Maia.

Prefácio

A maior parte dos humanos se adapta ao meio em que foram criados, limitam-se ao que lhes foi proposto e rebaixam-se a ficarem presos ao passado. Ousaria dizer que a maioria de nós acaba por viver uma vida abaixo daquilo que poderíamos e deveríamos. O resultado é que nos tornamos "escravos" da história, reféns do tempo e não senhores dele. Com uma análise profunda, faço tais afirmações com certa convicção de que corremos sério risco de passar pela vida tendo apenas existido.

Há uma enorme diferença entre viver o futuro e viver o amanhã. O amanhã é algo inevitável, já o futuro é criado. Para ficar mais prático, permita-me explicar a diferença entre o amanhã e o futuro. Imagine que minha filha arrume um pretendente e que depois de algum tempo resolvam se casar. Esse tal pretendente vem pedir sua mão em casamento e, naturalmente, como pai eu quero saber sobre o futuro que ele poderá dar para minha filha. Desejarei analisar se esse pretendente tem algum futuro para dar a ela. Caso se case, ela terá o amanhã, isso é inevitável, vivendo como qualquer pessoa ela acordará e viverá os próximos meses, anos ou décadas. A questão é se tal relação promoverá a ela um futuro. O amanhã é inevitável, o futuro é provocado!

Todos nós teremos o amanhã, mas nem todos estamos construindo o futuro.

Amanhã você acordará, mas pode ser que o futuro não esteja lá, porque o futuro é intencional, provocado, despertado. O futuro é consequência de um passo ousado, da coragem de tomar decisões, de fazer posicionamentos, de estabelecer mudanças. Gosto da frase de Erwin MacManus que diz: "O futuro não existe, até que alguém o faça existir!". É preciso parar de tratar o amanhã como futuro e se dispor a construir o futuro que se deseja.

Ainda que haja tantas objeções para a construção do futuro é preciso inicialmente olhar para dentro. Uma mudança de mentalidade tem o poder de despertar todo potencial existente para que toda mudança exterior se torne uma consequência.

"Para onde você está indo?"

O fato é que não ter certezas interiores sempre nos leva aos mesmos lugares. Imagine que você pegue seu carro e deseje jantar, todavia você não definiu o local, apenas entrou no carro, o ligou e saiu pela cidade. Possivelmente você passará minutos ou horas desperdiçando tempo, combustível, recursos e, por fim, pela falta de clareza, correrá o risco de não satisfazer o objetivo proposto. Não é preciso ser nenhum gênio para concluir que até mesmo um jantar sem planejamento e clareza pode se transformar em uma grande frustração. Que dirá a vida!

Uma vida extraordinária não depende de uma invenção mirabolante ou milhões de seguidores. Ser incrível vai além de ter uma vida luxuosa. Com uma mente renovada somos levados a ressignificar o que de fato é importante.

Dias melhores é um convite a um mergulho interior te capacitando a não terceirizar a mudança da sua história. É uma luz que se acende para lhe mostrar que é possível ser e viver tudo aquilo que você foi criado. É um pontapé para maior lucidez e objetividade na construção do futuro que você deseja viver. Ao mergulhar neste livro você estará renunciando a ideia de ir vivendo o amanhã e será despertado a criar o seu futuro, e, claro, criando o seu futuro você afetará tudo à sua volta.

Max Maia escreve com profundidade, e sua própria história reflete nas páginas deste livro fazendo esse convite interessante rumo a uma nova mentalidade para construção de uma nova história. Como consequência, "dias melhores" virão não apenas como um resultado do acaso, mas como fruto de uma nova revelação.

Boa leitura e boa caminhada rumo a construção de "dias melhores!".

Dênio Lara Jr
Teólogo e palestrante internacional.

Sum

ário

Apresentação

Este livro é sobre nossas vidas e nele podemos encontrar as respostas que por muito tempo procuramos, assim como atinarmos nossos passos para um caminho novo que não extingue as oscilações da vida, mas que com certeza não estaremos sós e iremos nos perceber mais preparados para enfrentar qualquer adversidade.

Gostaria de me apresentar a vocês. Meu nome é Max Maia, sou pastor por vocação e paixão e executivo por propósito. Casado desde os meus 22 anos com a Jé (Jéssica), o amor da minha vida, uma das mulheres mais sábias que conheço. Temos dois filhos: Manuela, minha primogênita, minha doçura, que me surpreende sempre com a sua inteligência e altruísmo; e Pedro, meu caçula corajoso, sempre perseverante e de sorriso fácil. Não tenho dúvidas de que os meus filhos se tornarão grandes líderes. Cresci em um lar disfuncional, a realidade de muitas famílias no mundo. Mas sempre ouvi a minha mãe falar que tudo é possível ao que crê e põe a mão na massa. Dias Melhores nasce a partir das inconformidades que tenho com a sociedade, com o indivíduo e seus espaços, rumando aos detalhes da vida e como se é possível ter uma vida grandiosa, tendo os passos guiados por Deus, com uma mente que não se encaixa nos moldes deste mundo, mas que esteja fundamentada no céu. Trago aqui experiências que vivi e, também, de pessoas que tiveram suas vidas transformadas no momento que compreenderam que mudar é imprescindível.

A sociedade contemporânea é algo que tem me feito questionar inúmeras coisas, e me incomoda o quanto as pessoas estão engessadas em conceitos, sentimentos, pensamentos, dilemas, entre tantas outras coisas. É essencial que passemos por um fluxo de renovação, de mudanças, essas que começam pelo pensamento, sendo responsáveis de estabelecer uma vida mais aprazível e preparada para as adversidades.

A transformação ocorre inicialmente em nós, o que significa que é necessário compreender que a renovação da nossa mente e do nosso coração é primordial antes de tudo. Somente então conseguiremos perceber o quanto estamos mudados e como nossas atitudes podem impactar significativamente o mundo ao nosso redor.

Geralmente pensamos que o lugar onde estamos, que frequentamos ou em que vivemos não pode nos influenciar em nada, até consideramos que somos capazes de influenciá-lo, e, claro, podemos; entretanto, não é uma ação rápida, em um estalar de dedos, é um processo. E, neste início de leitura, indago a você: qual é o impacto do ambiente em nós? Bom, do ponto de vista sociológico, compreendemos que o ambiente é responsável pela formação do ser humano. Experiências sociais, familiares e culturais moldam quem somos, mas até que ponto isso é benéfico? Muitos de nós carregamos hábitos passados que não são saudáveis para nossas vidas atuais, comportamentos que são até mesmo intoleráveis. No entanto, isso não significa que devemos esquecer nossa história e origem, mas sim que precisamos discernir o que é apropriado para as nossas atitudes presentes. Não é porque nascemos e fomos criados em determinado ambiente que devemos pensar, agir, reagir e viver da mesma maneira para sempre. Devemos buscar crescimento, evolução e passar por uma constante "manutenção".

Uma mente que passa por renovação compreende o passado, vive plenamente o presente e tem perspectiva de um bom futuro. Com frequência, nos apegamos ao passado e nos esquecemos de que diariamente temos o poder de moldar nosso futuro. O passado não nos define, portanto é importante entender: são as escolhas que fazemos que traçam os nossos caminhos em direção ao futuro.

Decerto teremos obstáculos, contudo são os processos da vida, alguns mais rápidos, outros demorados, todavia todos têm seu tempo. É fundamental compreender que, para alcançar dias melhores, precisamos passar por reformas em todas as áreas de nossas vidas. No entanto, isso requer tempo e confiança. As fases que enfrentamos nem sempre são afáveis, mas são primordiais para o crescimento que carecemos.

Devemos começar a explorar novos caminhos, contemplar a sabedoria de Deus e reconhecer que temos um Pai que nos auxilia em todas as situações, seja nos nossos compromissos, nos processos, nas batalhas internas e, principalmente, nas nossas escolhas. As palavras que se espraiam nessas linhas acrescentam em nossas vidas a importância de criar novos caminhos e tomar decisões em harmonia com a vontade dEle, que é boa, perfeita e agradável. Afirmo não haver orientação melhor.

Eu e você podemos mudar inúmeras situações das nossas vidas se compreendermos que tudo perpassa a mente e como pensamos, visto que antes de qualquer atitude ou ação é preciso pensar, questionar e decidir a maneira adequada de lidar com os contextos e circunstâncias que nos cercam.

Este livro é preenchido com temáticas importantes e que sempre circundam as nossas vivências, pensamentos e, por fim, nossos caminhos. Que a cada página você possa ter a oportunidade de olhar o mundo com uma nova visão.

Precisamos compreender o tempo de Deus em nossas vidas, observar o itinerário que Ele nos prepara e, não obstante, apreender que mudar nosso entendimento é uma escolha.

Acredite, a renovação é necessária; e Deus tem o melhor para você e para mim. Viva a plenitude em sua vida, viva Dias Melhores.

UMA MENTE QUE PASSA POR RENOVAÇÃO COMPREENDE O **PASSADO**, VIVE **PLENAMENTE** O PRESENTE E TEM PERSPECTIVA DE UM BOM FUTURO. COM **FREQUÊNCIA**, NOS **APEGAMOS AO PASSADO** E NOS ESQUECEMOS DE QUE **DIARIAMENTE** TEMOS O PODER DE **MOLDAR NOSSO FUTURO**. O PASSADO NÃO NOS DEFINE, PORTANTO É IMPORTANTE ENTENDER: SÃO AS ESCOLHAS QUE FAZEMOS QUE TRAÇAM OS NOSSOS CAMINHOS EM DIREÇÃO AO FUTURO.

Capítulo 01

De dentro para fora

E não sede conformados com este mundo, mas sede transformados pela renovação do vosso entendimento, para que experimenteis qual seja a boa, agradável, e perfeita vontade de Deus. Paulo de Tarso - Escritor e teólogo

Mesmo estando no século XXI, no ano de 2023, podemos identificar muitas semelhanças em relação ao contexto dessa narrativa do apóstolo Paulo. Em Roma, por ser a capital do Império Romano, havia muitas novidades surgindo também. Nós podemos achar que não surgiram muitas novidades naquela época por se tratar do início do século 1 d.C, mas para quem vivia naquela época havia muitas, pois vários acontecimentos ainda não tinham explicação, fossem fenômenos naturais, sociais ou quaisquer outros fatos estreantes.

A ciência estava evoluindo, a literatura estava em progresso, o poder bélico estava rumando novas tecnologias, as invenções estavam cada vez mais aperfeiçoadas. Era uma efervescência, aquele povo estava na meca (centro) das mudanças. Estavam sob pressão diante de tantas novidades, ideias e pensamentos. E de certa forma, dentro desta ótica, viviam circunstâncias muito semelhantes às dos nossos dias. Muitas pessoas estão se sentindo perdidas em seus caminhos de vida, confusas em seus princípios e valores. A sociedade é uma estrutura complexa e é nítido que, apesar da temporalidade, sempre existirão conflitos, visto que isso permeia a história e os povos.

Podemos tirar uma grande lição dessa narrativa: a tendência de muitas pessoas é de se conformar com tudo aquilo que a sociedade está apresentando e com a forma que foram ensinados e criados para pensar. E isso é uma das maiores problemáticas que circundam a nossa existência, uma vez que tendemos a nos colocar numa posição de aceitação, de conformismo, e quase não enxergamos o quanto precisamos e devemos mudar.

Infelizmente, a maioria das pessoas pensa, age e reage como a grande multidão: sem analisar as circunstâncias ou se posicionar contra se necessário, provavelmente levados pelo medo de não se en-

PENSA
AGE
REAGE

INFELIZMENTE, A MAIORIA DAS PESSOAS **PENSA, AGE** E **REAGE** COMO A GRANDE MULTIDÃO: **SEM ANALISAR AS CIRCUNSTÂNCIAS OU SE POSICIONAR CONTRA SE NECESSÁRIO...** MUITOSQUEREM IR COM O FLUXO DA MAIORIA, **INDEPENDENTEMENTE** SE VÃO ABSORVER COISAS BOAS OU RUINS.

caixarem em determinados grupos sociais ou até mesmo de maneira automática, sem ao menos perceber.

Muitos querem ir com o fluxo da maioria, independentemente se vão absorver coisas boas ou ruins. Certo que existem inúmeras respostas para isso, muitos fatores; entretanto, é preciso parar e compreender que você não pode seguir esses passos, que há um caminho único para você.

Lembro de uma história que marcou a minha vida. Certa vez, atendendo comunidades ribeirinhas no interior do Amazonas, algo que realizei por 8 anos, quando trabalhava como diretor executivo da Missão Amazônia, que prestava serviços sociais, atendimento médico e odontológico por meio de um barco hospitalar, ficamos por dois dias em uma comunidade específica realizando o trabalho. Todos tinham as suas vidas, que eram muitas parecidas, até mesmo as preferências, os sonhos e o entendimento de alcançar certos objetivos. Isto era algo que sempre me fazia refletir bastante.

Mas, então, em um certo dia, enquanto os médicos e dentistas atendiam a população, acompanhei outros profissionais em algumas palestras na pequena escola da comunidade. E conversando com uma classe de alunos do ensino fundamental sobre sonhos, tema que sempre gostei de ouvir as pessoas, fui ouvindo cada aluno sobre os seus sonhos e objetivos de vida junto com os professores, e certa aluna me chamou muita atenção, quando começou a compartilhar sobre os seus sonhos.

Quero ressaltar que por muitos anos ouvi e participei de oficinas nas escolas e abordamos esse tema para entender a perspectiva de futuro da comunidade e dos mais jovens. Mas voltando à aluna, darei o nome de Ana, ela compartilhou que queria ser médica, e todos da sala começaram a rir dela, até mesmo a professora ficou sem jeito.

Até então as outras alunas compartilhavam que queriam ser agentes de saúde como suas tias e mães, professoras, até mesmo enfermeiras, enquanto outros nem sabiam muito bem o que queriam ou sonhavam em ser (entendo que não há profissão melhor ou pior todas tem um grande valor, só que não podemos nos limitar apenas a realidade ao nosso redor, todos nós podemos sonhar além da nossa realidade, por mais difícil que seja alcançar esse objetivo).

Ana foi convicta em dizer que queria ser médica!

Algo me chamou atenção quando perguntei para ela qual caminho ela teria que percorrer para alcançar o seu sonho, ela não titubeou e falou passo a passo, de forma que a professora e todos os alunos ficaram espantados e tiveram naquele momento sua atenção capturada pelos passos que aquela simples aluna sabia que precisava trilhar para alcançar o seu objetivo.

Voltei naquela comunidade por vezes seguidas com as equipes de saúde, e sempre estava lá aquela garota simples e decidida, até que um dia chegamos na escola e a professora nos informou que ela havia mudado para casa de uma tia que morava na capital do estado para ter um melhor estudo, pois já estava no terceiro ano e precisava se preparar mais para alcançar o seu objetivo.

Por mais que a tendência dessa jovem fosse

seguir como todos outros alunos, ela superou o seu ciclo e foi em busca dos seus sonhos que transcendiam a realidade da sua comunidade e dos sonhos dos seus amigos. Sei que isso não é comum, mas relato essa história para lembrar que cada um de nós tem um caminho único. E que é possível alcançarmos.

Sei que vamos nos agrupando de acordo com aquilo que é mais conveniente para nós e, também, onde estamos sendo aceitos, pois não há nada melhor do que estarmos no nosso cantinho, sem adversidades, apenas existindo – como muitos dizem –, acomodados. E de certa forma, tudo o que o grupo em que estamos inseridos faz, passa a fazer parte dos nossos ideais, da nossa vida. Pode-se observar que geralmente quando as pessoas convivem juntas por muito tempo, elas acabam reproduzindo falas e comportamentos semelhantes, e que às vezes é até mais fácil se alinhar àquilo que elas fazem. É impressionante como muitas vezes você nem percebe isso acontecer. Isso é algo que a própria psicologia explica, visto que essa reprodução de falas e comportamentos já são estudados.

Eu sei que faz parte dos relacionamentos conviver com pessoas que têm valores parecidos com os nossos, entretanto é sabido que em outras esferas sociais nem sempre teremos valores similares aos de outras pessoas, portanto temos que tomar cuidado para não nos perder no meio da multidão.

Você é um ser singular e único, cada um de nós foi criado com uma característica diferente, cada um nasceu para ser uma pessoa diferente. **Mas por que, hoje, as pessoas querem sempre ser como as outras?** Esse é o questionamento que sempre me faço e é tão pertinente, pois entra em inúmeras culturas e sociedades. Atualmente, com frequência, vemos as pessoas imitando as outras, imitando estilos, falas, bordões, etc. Precisamos nos encaixar nessas frestas sociais ou devemos resistir em sermos únicos?

Precisamos nos renovar.
E isso começa a partir da nossa mente!

Quero compartilhar um exemplo simples, mas que nos faz entender que até os pequenos

Precisamos nos **renovar**. E isso começa a partir da nossa mente!"

hábitos começam a partir da renovação da nossa mente. Eu nunca tinha feito dieta na minha vida e estava me alimentando muito mal; comecei a ganhar peso, então decidi iniciar uma dieta. Que coisa difícil, gente! Eu sempre pensei que era muito fácil e não entendia porque as pessoas tinham tanta dificuldade nisso. Até que comecei a dieta e depois de alguns dias o meu corpo gritava, pedia hambúrguer e pizza. Comecei a ficar irritado, estressado por falta das comidas que eu estava acostumado a comer desregradamente.

Até que entendi que precisava renovar a minha mente com relação a isso. Três meses depois o meu corpo passou a agradecer e eu passei a me sentir muito melhor, pois a decisão que tive foi responsável por mudar minha mente em relação ao que eu precisava. Comer é uma dádiva, mas é preciso ter cautela, já que tudo em excesso e de maneira irracional pode acabar acarretando inúmeros problemas. Quando a nossa mente se renova, automaticamente o nosso corpo se renova, renovam-se os pensamentos, as atitudes, o comportamento e a fala. Passamos a ter um olhar diferente para as pessoas e para o mundo e começamos a compreender que ser diferente é bom, que decerto é o que precisamos.

Se a mudança acontece de dentro para fora, temos força, base e alicerce suficiente para sustentá-la.

Paulo nos orienta a não nos conformarmos, a não aceitar e não nos submeter a certas coisas impostas pelo "mundo", pois fazer isso é o mesmo que se acomodar. Quando nos colocamos nessa posição de acomodação, não nos permitimos viver, nem mesmo termos experiências que poderiam agregar coisas boas às nossas vidas. Se acomodar é aceitar as coisas como estão, é nos limitarmos a viver, muitas vezes, a mediocridade. Por isso precisamos entender que nossas mentes guiam os nossos pensamentos e consequentemente nossas atitudes.

É engraçado que cada pessoa tem uma concepção de mundo.

Com base na afirmação acima, é o que entendemos um pouco do conceito de hermenêutica social: uma área nas ciências humanas que permite o estudo dos contextos temporais e sociais, com base na concepção de cada pessoa, e é mais ou menos assim que funcionamos. Cada um de nós tem uma interpretação sobre algo, o que é válido, entretanto não devemos limitar nossa visão a um único ponto, devemos sempre ter um olhar panorâmico e consciente das coisas que se apresentam ao nosso redor, ainda mais quando algo pode possivelmente interferir no nosso estado de ser e agir, ou seja o que pode acabar nos influenciando.

Podemos interpretar o mundo como a nossa vida, com o nosso próprio "mundinho", que está relacionado diretamente com as pessoas do nosso convívio, com os comportamentos que vemos, com o lugar em que vivemos. Ou mundo no sentido metafísico, que está relacionado ao planeta. É a visão micro e macro da realidade ou do que entendemos como realidade.

Talvez essa orientação de mudança possa parecer muito complicada e distante, algo difícil de ser realizado e conquistado. Mas não precisa se assustar! É interessante que Paulo de Tarso, um dos grandes pensadores do primeiro século, nos mostra que o caminho, e o start, é pela renovação da nossa mente.

Quando a nossa mente é transformada, as nossas atitudes, os comportamentos e tudo ao nosso redor, desde o nosso "mundinho" até o mundo ao nosso redor, é transformado, pois a nossa mente foi transformada. É algo que pode partir de nós, pois essa transformação reflete tanto em nós quanto naquilo que nos rodeia, que pode ser o físico ou abstrato, nossa fala, nosso jeito, nossa postura, tudo o que nos faz um indivíduo.

O mundinho, que são os nossos relacionamentos, as pessoas do nosso convívio, a cidade em que vivemos, os lugares a que vamos, passam a ser transformados através das nossas atitudes, pela transformação que se iniciou em nossa mente e consequentemente nos levou a termos atitudes e comportamentos diferentes, tudo isso é um processo natural!

E há transformação até mesmo com relação ao mundo no sentido metafísico, pois passamos a nos preocupar com o próximo que não conhecemos, com o meio ambiente, com o bem-estar geral e através das nossas atitudes e comportamentos outras pessoas também aprendem e começam a se preocupar, a agir, a se comportar de forma diferente. Automaticamente, tudo ao nosso redor começa a se transformar.

Então essa orientação de não nos conformarmos, de mudarmos, começa a partir de uma renovação, uma evolução da nossa mente. Toda evolução começa de dentro para fora.

É o que entendemos com o conceito de Metanoia, um termo de origem grega, que significa a "transformação essencial" da mente, do pensar e da visão de mundo. Ele permeia inúmeros campos, seja a psicologia, a religião, a filosofia e se reserva às mudanças profundas de perspectivas, valores ou crenças.

No eixo da psicologia está a reflexão interna, uma imersão, que se espraia na mudança de comportamento; na religião, é a atitude que nos leva ao arrependimento sincero.

Sinteticamente, é a ideia de uma mudança

profunda e positiva em termos de pensamento que irá impactar nas nossas condutas de vida.

Como posso olhar para dentro de mim?

Mais uma indagação que nos bate à porta, e decerto é pertinente, pois olhar para dentro de si nem sempre é fácil. É preciso parar e refletir sobre como nossa mente está, quais são as nossas atitudes no dia a dia, o que estamos fazendo para a nossa formação. Não fugindo do que Paulo fala na citação inicial deste capítulo, mas acrescentando um pouco mais sobre o que ele diz em sua carta à comunidade de Gálatas, que diz:

> Pois, se alguém se considera importante, não sendo nada, engana a si mesmo. Mas cada indivíduo avalie suas próprias atitudes, e, então, saberá como orgulhar-se de si mesmo, sem viver se comparando com outras pessoas. Portanto, cada um deve levar seu próprio fardo. Colhemos aquilo que semeamos.
>
> *Paulo de Tarso - Escritor e Teólogo*

COMO POSSO OLHAR PARA DENTRO DE MIM?

Então é isso de que precisamos. Necessitamos frear as comparações que fazemos com outras pessoas, devemos decidir mudar alicerçados em algo que nos firme, que nos dê forças, que nos guie para um novo itinerário; e não há ninguém melhor para isso do que Jesus. É nele que há refúgio. É por meio do que aprendemos com Ele que nossas verbalizações são transformadas, diálogos novos e sábios são formados, e, principalmente, o entendimento de boas-novas, de um novo tempo, ainda mais quando falamos de entendimento, já que nossa mente é quem influencia nos nossos passos nessa vida.

Externando As Mudanças

Você que me acompanha nesta leitura, creio que começou a se perguntar como, quando e onde essas mudanças acontecerão. Já foi falado sobre a forma como nossa mente funciona, a questão da influência em alguns convívios, até mesmo sobre a nossa visão em relação à sociedade e como devemos olhar para nós mesmos. Acontece que para que as mudanças sejam nítidas nos espaços que estamos inseridos é preciso pensar sobre cada passo do que já conversamos, uma vez que se a nossa mente estiver mudada é por meio dela que as nossas atitudes e ações poderão ser expostas. Claro, nem tudo muda em poucas horas ou dias, cada coisa tem seu tempo, mas justamente nessa linha cronológica que vamos nos alinhando, nos moldando, e conforme vamos tendo essa mudança interna, nas nossas mentes, é que as coisas serão visíveis e o mais surpreendente é que você nem percebe... e quando você se dá conta é até engraçado, mas muito bom, satisfatório.

Geralmente alguém consegue observar isso antes de nós mesmos, e isso é um dos primeiros aspectos de uma boa transformação, sendo até mesmo um incentivo para muitas pessoas que estão ao nosso redor. De dentro para fora, é assim que as coisas vão se ajustando. Precisamos compreender que adquirir uma linha de novas atitudes só é possível nos exercitando, colocando em prática pensamentos renovados, modificando positivamente o que projetamos em nossas mentes e alterando nossa visão sobre as coisas, absorvendo o que há de bom, conteúdos que tenham valores e nos acrescentam intelectual e espiritualmente.

> Os olhos são a candeia do corpo. Se os seus olhos forem bons, todo o seu corpo será cheio de luz.
> *Mateus, talentoso escritor do séc I.*

Capítulo 02

O impacto do ambiente

Neste momento, quero destacar as palavras de Jesus que se encontram na obra literária escrita por Mateus, compreendendo a magnitude e a profundidade de sentido que isso carrega:

Vós sois o sal da terra; e se o sal for insípido, com que se há de salgar? Para nada mais presta senão para se lançar fora, e ser pisado pelos homens. Vós sois a luz do mundo; não se pode esconder uma cidade edificada sobre um monte; Nem se acende a candeia e se coloca debaixo do alqueire, mas no velador, e dá luz a todos que estão na casa. Assim resplandeça a vossa luz diante dos homens, para que vejam as vossas boas obras e glorifiquem o vosso Pai, que está nos céus.

Caro leitor, neste capítulo, quero pensar com você sobre o impacto que o ambiente em que nós fomos gerados, criados, que convivemos e crescemos, causa em nós. De forma mais clara, vamos olhar para o processo de renovação, que na maioria das vezes ficou limitado com o impacto do ambiente em que fomos gerados, pois ao analisarmos nossas atitudes do passado e do presente encontraremos inúmeras influências das nossas vivências em determinados ambientes.

Há um número muito grande de pessoas que carregam diversos problemas e comportamentos do ambiente em que foram concebidas ou que pertenceram em alguma fase da vida, por exemplo, a nossa família, uma vez que ela é a primeira célula social e nossos primeiros ensinamentos partem dela, sejam eles errôneos ou não. E muitas vezes isso faz com que essas pessoas sejam difíceis de lidar, independentemente se é no ambiente de trabalho, na família que se inicia ou em diferentes grupos e até mesmo situações.

A nossa cultura, as coisas que estão ao nosso redor, a nossa família, o nosso histórico de vida, o nosso gênero... tudo isso informa quem somos e, querendo ou não, influencia no que nos tornamos.

A educação que recebi, a comunidade onde cresci, os meus amigos, tudo isso influencia a minha maneira de pensar nas coisas, tudo isso contribui ou afeta o "ser quem eu sou". Muitas vezes nos colocamos em uma bolha e, sendo assim, somos incapazes de compreender as vivências que outras pessoas têm, ou até mesmo não respeitamos o espaço do outro, falamos coisas que não devemos, somos rudes e despudorados.

Você pode escolher os seus amigos, mas não escolhe a sua família. Você não pode escolher o jeito de viver da sua família, ou se terão algum sotaque do Norte ou do Sul. Somos apenas inseridos em um ambiente familiar e não cabe a nossa vontade mudar a forma como nossos entes agem ou reagem.

Eu e a minha esposa, Jéssica, viemos de famílias completamente diferentes. A minha família é mais agitada no modo de falar, de viver. A dela é mais tranquila, mais reservada. Então foi preciso encontrar um modo de alinharmos isso, de acharmos um ponto de equilíbrio, pois muito do que éramos fazia parte da nossa criação, da maneira como fomos educados e das experiências que tivemos em nosso desenvolvimento social, dos espaços que frequentamos e das relações que tínhamos com as pessoas e o mundo.

Não podemos escolher essas coisas porque nascemos dentro disso, simplesmente entramos. A nossa história de vida até aqui ajuda a dar forma a quem somos hoje, e, claro, também precisamos valorizar isso, pois não podemos de maneira alguma esquecermos nossas origens ou querer eliminar todas as coisas que vivemos por conta de algumas mudanças que necessitamos.

Todas essas experiências ajudam a construir e nos tornarmos o que somos, moldam toda a nossa estrutura, as nossas perspectivas e opiniões. Até mesmo como reagimos quando estamos nervosos, com medo ou preocupados. Está tudo dentro do ambiente em que fomos gerados. Nunca se case com uma pessoa sem antes conhecer onde ela foi gerada, como ela se refere aos familiares e quais os costumes que ela tem na sua primeira célula social da vida. O ambiente que você foi gerado diz muito sobre você, mostra o valor que você dá às coisas, o valor de quando fala eu te amo, o valor que dá ao trabalho, o valor da sua palavra, mas isso não determina quem você será, não é como a música do Dorival Caymmi:

> “ ***Eu nasci assim, eu cresci assim***
> ***Eu sou mesmo assim***
> ***Vou ser sempre assim***
> ***Gabriela, sempre Gabriela.***

Tudo isso é moldado pelo ambiente que você foi gerado. Muitas pessoas conseguem sair de um lugar ruim, com muita violência e práticas que não são aprazíveis, mas não conseguem tirar esse lugar de si, esses momentos da sua vida que não foram bons, e assim continuam nessa repetição, nesse ciclo, reproduzindo as mesmas atitudes vividas anteriormente.

Quero trazer ao seu conhecimento a história de um grande empreendedor social que me inspira muito e se tornou umas das referências no mundo, eleito 30 Under 30 da revista Forbes pela sua luta para combater a desigualdade social no Brasil.

Ele nasceu e cresceu na periferia de Guarulhos. Ele tinha tudo para se moldar aos padrões que provavelmente muitos dos seus amigos acabaram indo, entretanto ele entendeu que poderia trilhar um outro caminho e fazer a diferença. Em primeiro lugar, ele buscou oportunidades para a sua vida, em sequência para sua família e em consequência para sua comunidade e outras tantas comunidades que ele tem ajudado a pensar diferente, a vencer e a romper com os desafios da desigualdade.

Um filósofo britânico, John Locke, em seus estudos, definiu que o ser humano no início da vida é como uma tábula rasa, uma folha em branco, pois nada detém e que o ambiente é que o tornará alguém. Em outras palavras, ele promoveu a ideia de que as pessoas não nascem com ideias inatas ou características predeterminadas.

Pelo contrário, ele argumentou que a mente humana começa em um estado neutro, e por meio de experiências sensoriais, interações com o ambiente, pensamentos, informações e características individuais que são adquiridos e desenvolvidos ao longo do tempo é que vamos nos moldando.

Podemos enxergar o mundo, entretanto não conseguimos ver o mesmo mundo, pois teremos uma visão diferente, visto que viemos de ambientes diferentes, de variadas criações. E é importante deixar claro que a sua visão do mundo lá fora se dá por intermédio da lente do ambiente de onde você veio, ou seja: a forma como alguém vê as coisas e as compreende é estritamente ligada ao itinerário de vida dela.

A nossa história é importante, temos que AGRADECER por ela, pois ela nos forja, gera características em nós e tem valores importantes. Mas é muito perigoso quando queremos continuar vivendo sem nos renovarmos, sem buscarmos o novo. Se permanecermos com a mente engessada em nossa formação, no ambiente que fomos gerados, seremos limitados e não atentaremos ao mundo que está ao nosso redor.

Quando permitimos que o nosso mundo se limite ao ambiente em que fomos gerados, a busca pelo novo, a ideia de se renovar, já não faz sentido, pois ficaremos limitados, presos em nosso mundinho, em nossos pensamentos, conceitos, preconceitos e, o pior, presos em nossos defeitos.

Renovar a nossa vida, a nossa mente, passa a não ser necessário, muito menos importante.

É até engraçado, mas percebo que muitas pessoas quando estão começando a crescer, a renovar a sua mente e a evoluir, buscam problemas para usar de pretexto para poderem voltar para o seu mundinho, porque o mundinho é familiar, confortável. Essa autossabotagem é um subterfúgio para não mudar.

No seu ambiente, no seu mundinho, você não precisa evoluir, você não precisa tentar ser melhor, não tem muito trabalho. No seu mundinho você sabe como agir, pode se comportar como sempre se comportou, você sabe como tudo funciona.

Eu preciso te dizer que o seu mundinho é pequeno demais para você, você não foi criado para permanecer nele. **Deus nos criou para propósitos muito maiores do que podemos imaginar**, você é uma pessoa única.

Não é porque você nasceu, foi gerado em um certo ambiente que deve pensar, agir, reagir e viver para sempre da mesma forma. Nós devemos crescer, evoluir e passar por uma constante renovação.

Não podemos continuar desenvolvendo sistemas de desculpas e resistência. Não podemos nos conformar com o nosso estado atual, precisamos nos transformar pela renovação da nossa mente, pois toda mudança começa em nosso interior.

Você não pode ler este livro e continuar do mesmo jeito. Infelizmente, se não nos renovarmos, nunca vamos viver o extraordinário que Deus preparou para nós.

Lembre-se de que toda mudança precisa ser gradual, não queira mudar todos os hábitos e formas de pensar de uma vez, assim você não terá força o suficiente para sustentá-los.

Não é porque você emergiu em determinado ambiente ou cenário que está condenado a pensar, agir, reagir e viver perpetuamente de acordo com esses parâmetros. A verdade é que estamos destinados a florescer, a evoluir e a embarcar em um ciclo constante de renovação. A estagnação, por outro lado, é uma escolha que nos coloca em um beco sem saída.

Deus nos criou para propósitos muito maiores do que podemos imaginar, você é uma pessoa única.

Mas o que fazer para mudar os ambientes dos quais faço parte?

Como lemos no capítulo anterior, toda mudança deve partir primeiramente de nós mesmos, e assim também acontece nos ambientes que estamos presentes. Uma vez que o ambiente tem impacto em nós é preciso resistir e rodar uma chave, para que assim possamos impactar esse ambiente. Por meio do seu comportamento, é possível que muitas pessoas comecem a se inspirar em você, pois a maneira como age e reage fala mais do que as palavras que manifesta nas esferas sociais.

Conforme exploramos no capítulo anterior, o princípio fundamental que emerge é a necessidade de instigar mudanças a partir de nossa própria essência. Esse imperativo, intrínseco às transformações, ecoa não apenas dentro de nós, mas reverbera também nos espaços que habitamos e compartilhamos. Uma vez que reconhecemos o impacto recíproco entre nós e o ambiente circundante, surge a premente obrigação de mantermos uma postura de resistência ativa e de girar a chave

MAS O QUE FAZER PARA **MUDAR** OS

AMBIENTES

DOS QUAIS FAÇO PARTE?

da mudança.

É exatamente ao persistir nessa mudança interna e direcioná-la para fora que conseguimos efetivamente moldar o contexto ao nosso redor. Como peças essenciais desse quebra-cabeça, nossa influência e testemunho exercem uma função catalisadora. Cada ato e reação que emanam de nossa conduta comunicam uma narrativa mais poderosa do que as palavras que proferimos nos ciclos sociais.

Nesse sentido, você, com sua conduta, se torna um farol de inspiração. Sua forma de agir irradia a coragem e a perseverança que compõem os pilares da transformação. Cada gesto, cada escolha consciente, atua como uma centelha que, em contato com outras almas, inflama o desejo de mudar e evoluir. O reflexo de sua jornada ressoa nas mentes e nos corações de muitos, despertando anseios semelhantes de crescimento e realização.

Ao assumir a responsabilidade pela sua metamorfose interior e pelas consequentes repercussões no entorno, você constrói um legado de mudança tangível. As palavras que ecoam são essenciais, mas são os atos enraizados em sua verdade que ecoam mais profundamente.

É através dessa sincronicidade entre intenção e ação que você tece um novo padrão para aqueles que observam, mostrando que a mudança é não apenas possível, mas também inerentemente humana.

Não deem ouvidos para aquilo que os outros vão dizer... Não importa se eles acreditam ou não na sua mudança, na sua vontade, no seu desejo de viver de forma diferente, de construir o novo!

Provavelmente no meio do processo você ouvirá muitas vozes...
- Quem está tentando enganar?
- Você não é assim...
- Daqui a pouco você voltará a ser como antes...

Acredite, o seu maior desafio está dentro de você; e se você estiver disposto a vencê-lo, você vencerá!

Acredite, o seu maior desafio está dentro de você; e se você estiver disposto a vencê-lo, você

VENCERÁ!

Lembre-se de que você vai estar sob pressão, e quando estiver sob pressão é necessário ter as suas prioridades bem posicionadas.

- Não se deixe levar pela fala da multidão, dos amigos e até mesmo dos familiares.
- Confie e acredite que você já começou a produzir dias melhores!
- Os dias posteriores serão melhores do que os dias atuais.

Portanto, continue sendo a força motriz que ilumina o caminho da transformação, pavimentando um trajeto de inspiração e renovação para todos que cruzam o seu caminho.

Capítulo 03

Passado Presente & Futuro

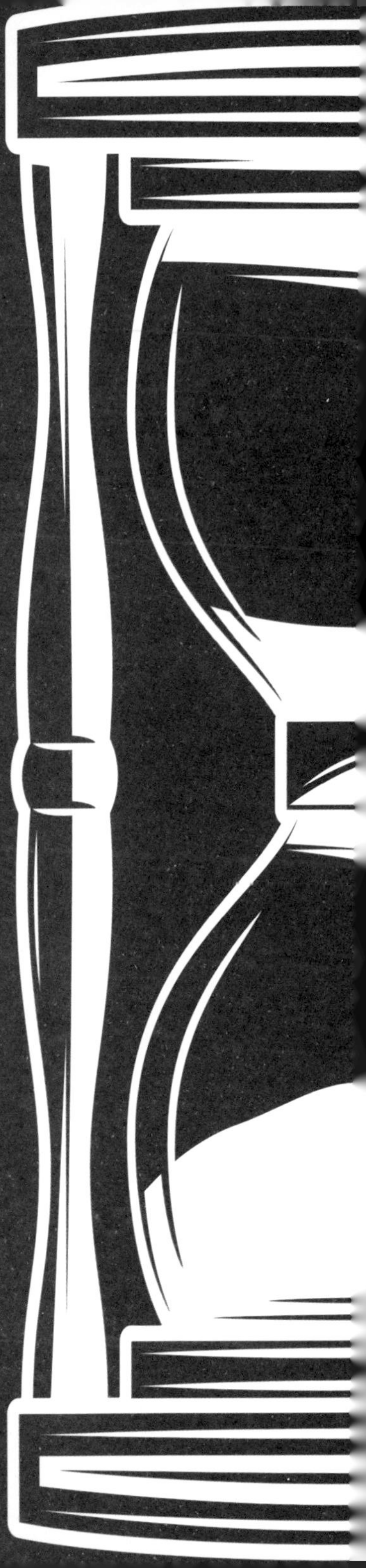

Você pode estar pensando: o que passado, presente e futuro tem a ver com renovação de mente? Tudo! Uma mente renovada tem um passado compreendido, um presente bem vivido e um futuro garantido. Muitas vezes nos prendemos ao passado e esquecemos que diariamente podemos mudar nosso futuro. Nosso passado não nos define; desta feita, saiba que suas escolhas trilham seus caminhos ao futuro.

Entramos agora no campo temporal e sempre pensamos que nada pode afetar as nossas vidas ao se retratar do nosso passado ou até mesmo quando pensamos no futuro, e por conta desse fator temporal não vivemos muitas coisas do nosso presente. Existem fatos do nosso passado que permeiam nossas ações atuais e muitas vezes nem percebemos o quão estamos sendo manipulados pelo que deveríamos muitas vezes ter deixado no passado.

É claro que nosso passado tem importância na nossa vida, certo que por intermédio dele aprendemos muito nos nossos itinerários, todavia é preciso apreender que nosso caráter atual não necessariamente depende dele. Que fique claro: aqui não estamos falando de negar nossas origens ou algo parecido, mas sim de entendermos o que nos serve ou não, de amadurecermos e assim perceber que não estamos acorrentados em um passado, que onde estamos agora é uma dádiva do presente e que temos a oportunidade de gerar um bom futuro.

PASSADO COMPREENDIDO

Uma mente renovada tem um passado compreendido. Muitas vezes nos vemos enredados em lembranças e experiências do passado, como se fossem correntes que nos prendem, limitando nosso crescimento e nossa transformação. No entanto, é fundamental afirmar que o passado não determina quem somos ou seremos, mas é, sim, um capítulo de nossas histórias. Nos capítulos anteriores falamos sobre as mudanças que devem ocorrer nas nossas vidas, sobre o ambiente e sua manifestação na nossa formação, e permeando todos esses aspectos existe o tempo, precisamente o passado, que fecunda muitas de nossas vivências, até alicerça nossas emoções ou reações algumas vezes.

O passado é um professor valioso, repleto de lições e aprendizados. Ele nos molda e nos prepara para os desafios que o futuro nos reserva. É ele que nos dá aquele insight mediante alguma situação. No entanto, não devemos permitir que o passado nos defina de forma alguma, pois ele é uma parte de nós e não a nossa totalidade. Cada erro cometido, cada obstáculo enfrentado é uma oportunidade de crescimento e evolução, e não nosso fim.

Compreender nosso passado significa olhar para trás com compaixão por nós mesmos, reconhecendo que somos seres em constante desenvolvimento, entendendo que aquilo que vivemos foi importante, que formou parte do nosso caráter. Por óbvio que nosso passado também esconde dores ou traumas, que muitas vezes acabamos trazendo para o nosso presente. Só que é preciso deixá-lo, mas deixar somente a parte que não nos serve, claro que para isso devemos buscar ajuda divina e de profissionais, para nos curarmos internamente.

A verdadeira renovação da mente começa quando percebemos que somos capazes de moldar nosso próprio futuro

Todos os dias temos a oportunidade de fazer escolhas que nos levam à direção que desejamos. Podemos decidir deixar para trás os padrões de pensamento negativos, as culpas que nos assombram e as limitações autoimpostas.

Nosso passado pode nos informar, mas não deve nos aprisionar. Uma mente renovada é uma mente aberta para novas possibilidades, novos sonhos e novas realizações – é a capacidade de aprender com o passado, mas não ser definido por ele. É o entendimento de que somos seres em constante evolução, capazes de transformar nossas vidas e criar um futuro que seja verdadeiramente nosso.

Portanto, que possamos lembrar que nossos erros e fracassos não são o fim da jornada, mas sim pontos de partida para um futuro melhor. Uma mente renovada é uma mente que compreende o passado, mas que vive plenamente no presente,

A **VERDADEIRA RENOVAÇÃO** DA MENTE COMEÇA QUANDO PERCEBEMOS QUE **SOMOS CAPAZES** DE **MOLDAR** NOSSO PRÓPRIO FUTURO. NOSSO **PASSADO PODE NOS INFORMAR**, MAS **NÃO DEVE NOS APRISIONAR.** UMA MENTE RENOVADA É UMA **MENTE ABERTA PARA NOVAS POSSIBILIDADES, NOVOS SONHOS E NOVAS REALIZAÇÕES!**

ansiosa por moldar o seu futuro com determinação e esperança.

VIVENDO O PRESENTE

Uma das maiores dificuldades que temos com o nosso presente é não saber aproveitá-lo. Se pararmos para pensar, sempre buscamos desculpas para não fazermos algo, a mais corriqueira é a "deixa para amanhã", entretanto precisamos entender que o agora, o hoje, vai resultar nos nossos dias futuros. Mas ainda não é momento de falar do futuro, vamos nos ater ao presente.

A palavra "presente", por si só, é dotada de sentidos, mas quero trazer esse substantivo ligado àquilo que recebemos. Imaginemos o seguinte: que ganhamos todos os dias uma caixa muito bonita e dentro dela tem: novas oportunidades, recomeços, novas ideias, esperança e muitas outras coisas. Conseguiu captar a analogia? Todos os dias podemos começar do zero, ter uma perspectiva diferente da vida, decidir mudanças ou até "deixar de decidir" algo.

Para viver um presente, você não precisa agir loucamente, como muitos pensam, nem muito menos viver à lá "deixa a vida me levar", mas de maneira organizada, estabelecendo suas atividades, suas metas, tendo em mente que seus atos diários decorrerão no seu futuro.

Outro ponto importante é que nem todos os dias serão felizes, cheios de cor ou adocicados, mas é imprescindível compreendermos que há uma esperança para todos nós, e para que não sejam apenas as minhas palavras trago esta preciosidade encontrada na obra daquele que retratou a formosura, os milagres e os ensinamentos de Cristo:

> "Eu disse essas coisas para que em mim vocês tenham paz. Neste mundo vocês terão aflições; contudo, tenham ânimo! Eu venci o mundo".

Bom, Cristo, uma figura histórica e também celestial, deixou essa mensagem; e, sim, nas nossas experiências cotidianas, teremos alguns momentos de aflição, de dificuldade, de tristeza, mas é aí que vem a chave que muda tudo: quando Ele incentiva a nos mantermos confiantes e que por meio dEle o mundo já foi vencido.

Agora, quero te convidar a pensar comigo sobre como as suas ações no presente acarretam em algo no seu futuro. Abro o seguinte questionamento: você acredita que suas ações hoje podem impactar no seu amanhã?

Penso que sim, visto que nossas escolhas trazem resultados, claro que umas de imediato e outras não. Por exemplo, é como quando se planta... você insere a semente na terra, rega, cuida e a deixa lá por algum tempo. Demora um pouco para ela germinar, ganhar folhagem, ficar estruturada, quem dirá dar frutos. Durante o desenvolvimento dessa plantação, você pode não notar as suas mudanças, mas elas vão aparecer lá na frente.

Então, por mais que pense que suas atitudes não trarão retorno algum para você, saiba que elas se mostrarão.

Lembre-se sempre de que os maiores desafios vão estar sempre no presente, pois aquilo que você errou ou deixou de fazer no passado já passou, não viva frustrado com o passado, não perca tempo olhando para ele, não viva carregando narrativas do passado.

Só tenha atenção para não cometer os mesmo erros, se você, leitor, repetiu os erros do passado como eu mesmo já fiz algumas vezes, decida hoje de uma vez por todas no seu presente optar por atitudes, ações e reações diferentes.

O presente sempre irá nos apresentar desafios e, por maiores que sejam, nenhum deles será insuperável, se você tiver a certeza daquilo que espera e a convicção daquilo que não vê. O que eu chamo de fé.

Há algo que eu julgo ser muito importante para caminharmos em direção ao futuro! Não espere ter todas as resposta no presente do seu futuro, isso pode nos levar a vivermos emperrados, pode nos paralisar e nos distrair, nem sempre teremos todas as respostas, então entregue o seu melhor e decida evoluir dando um passo de cada vez.

Então, por mais que pense que suas atitudes não trarão retorno algum para você, saiba que elas se mostrarão.

Fazer boas escolhas no presente é importante, já que mais tarde poderemos colher coisas boas ou ruins. Eu espero que a gente colha coisas boas.

UM OLHAR PARA O FUTURO

Chegamos ao futuro! Uma viagem no tempo, não é mesmo? Mas aqui, também, é mais um ponto de partida. Permeamos o passado e o presente, vimos sobre como o passado tem influência sobre nosso presente e talvez o futuro. Contudo, vamos olhar além.

Claro que não podemos ter tanta certeza sobre as coisas do futuro, aliás, ele não nos pertence. Então devemos ou não nos atentar a ele? A resposta é: claro que devemos. É fundamental criar expectativas ou pensamentos sobre um bom futuro, sabendo que lá também haverá problemas. Isso me traz à memória algumas falas do livro de Mateus – ditas por Jesus – que nos ensinam a não criarmos tantas preocupações sobre o porvir.

E por que vocês se preocupam com roupas? Vejam como crescem as flores do campo: elas não trabalham, nem fazem roupas para si mesmas. Mas eu afirmo a vocês que nem mesmo Salomão, sendo tão rico, usava roupas tão bonitas como essas flores. É Deus quem veste a erva do campo, que hoje dá flor e amanhã desaparece, queimada no forno. Então é claro que ele vestirá também vocês, que têm uma fé tão pequena! Por isso, não fiquem preocupados com o dia de amanhã, pois o dia de amanhã trará as suas próprias preocupações. Para cada dia bastam as suas próprias dificuldades.

Deve-se diferenciar expectativas de preocupações. Por mais que nos empenhamos em planejar e antecipar o futuro, ele permanece um enigma indecifrável. Mesmo que tracemos com destemor grandes projetos, não há garantias de que se concretizarão conforme nossos desejos. É por isso que é imperativo abraçar cada dia como um presente divino, vivendo-o como se fosse o último, enquanto o amanhã se desdobra com seu próprio enredo de desafios, como tão sabiamente nos orienta a obra citada acima.

Deus nos ensina a descansar sobre o amanhã, todavia Ele também nos ensina a plantar no presente de forma correta. O futuro é subjetivo, mas também é real e quando plantamos da forma correta ele se torna presente!

Não adianta ficar apenas sonhando acordado, coloque a mão na massa e comece a construir o seu futuro, comece a se vestir dele, e lembre-se de que as suas ações, as suas atitudes, a sua forma de acreditar vão desaguar no seu futuro.

Lembra da história da estudante Ana que tinha um sonho de ser médica, e mesmo não tendo nenhuma previsão do seu futuro, ou melhor tendo uma previsão totalmente contrária das suas possibilidades, ela resolveu acreditar e começou a plantar seguindo o seu percurso? Para vivermos o futuro que sonhamos e queremos, mesmo não tendo a certeza se vai funcionar, precisamos entender quais são os passo a passos, os processos para alcançar aquilo que queremos viver.

Acompanhando pessoas de diversas idades e culturas ao longo dos anos, percebo que muitas não vivem um bom futuro, não realizam nada do que sonharam em um década porque não pensam nos processos e nos passos que nos levam ao futuro que almejamos.

Em um período da minha vida, dei aula no seminário de formação teológica da igreja Metodista, na Região da Amazônia e do Nordeste, e lecionei a matéria Gestão de Projetos que faz parte da minha formação acadêmica. Foi um período muito especial, pois pude aprender muito com os alunos, entendendo a multiplicidade de conhecimentos e as suas necessidades em cada realidade social. Mas ali pude perceber muito mais o quanto o futuro é algo custoso para muitos, visto as dificuldades sociais e socioeconômicas da região, principalmente se tratando de orientação de como planejar e plantar conforme for preciso. (Gosto de lembrar que se queremos colher milho, não podemos plantar batatas; e se queremos colher batatas na safra futura não podemos plantar cenouras, mas que é preciso de instrução nesse plantio).

Eu amo pensar e planejar o futuro, tenho em meu planejamento até as próximas viagens que farei nos próximos cinco anos, os livros que escreverei, até mesmo os lugares que pretendo de alguma forma trabalhar e cooperar para algum avanço! Muitas coisas que lá atrás faziam parte do futuro, hoje, tornaram-se o presente na minha vida, é verdade que algumas se anteciparam, como a chegada dos nossos filhos, e outras ainda não alcancei como já havia planejado, assim também acontece na vidas de muitos. Certamente, também, tivemos surpresas agradáveis e desagradáveis ao longo da jornada de vida até aqui. Mas grande parte de tudo que sonhamos, planejamos e plantamos, colhemos! E posso te garantir que essa é uma realidade na vida de todos que sabem aonde querem chegar e o que precisam plantar.

Percebo que na vida de muitos os sonhos, objetivos e projetos continuam apenas sendo uma possibilidade de futuro, e um futuro bem distante.

Por que será?

Como disse no início desse pensamento, o amanhã pertence a Deus, e nem sempre aquilo que planejamos e projetamos vai se tornar uma realidade. Porém, se não soubermos o que precisamos plantar para colher, tudo se torna uma realidade ainda mais distante. O nosso presente pode estar sendo incrível ou talvez não esteja como almejamos, mas se descobrimos para onde queremos ir, o que queremos viver, descobriremos o que precisamos plantar, e sem dúvida algo melhor nos espera no futuro.

E se no meio de tudo isso acontecer uma tempestade e você perder tudo que plantou? Sem dúvida você já conhece uma parte do caminho, busque direção de Deus e comece novamente; e se mesmo assim acontecer diversos fatores novamente, comece de novo! Só não fique sem saber o que plantar, vivendo apenas de forma reativa aos acontecimentos! E aquilo que você já alcançou até aqui... seja grato e usufrua.

Caminhar sobre o tempo tem sido uma das coisas mais difíceis para as pessoas nos dias atuais, por isso quando falamos de passado, presente e futuro, para muitos pode parecer uma salada mal-feita, que nem ao menos dá para saber direito o que tem dentro dela. Portanto, com sabedoria conseguimos assimilar o tempo e assim se torna possível construir dias melhores.

Capítulo 04

Comprometimento

À medida que temos compromisso com a nossa transformação, por mais que não percebamos, começamos a ganhar novos espaços, maiores alturas na vida pessoal e espiritual, e passamos a assumir uma nova posição. Dito isto, precisamos nos comprometer conosco e com os processos que enfrentaremos para uma transformação em nossas mentes.

O que você pensa quando se fala em comprometimento? Há uma gama de áreas e até mesmo de possibilidades de aplicação do "comprometimento", mas no que isso pode impactar nossas escolhas e vida?

Primeiramente, vamos definir o que é comprometimento, gramaticalmente é um substantivo que define o ato de comprometer-se ou se comprometer com alguém, de ter como se fosse um senso de responsabilidade ou uma busca de manter-se fiel a algo. Esta palavra, em sua etimologia, tem a origem no latim *compromissus*, que fundamenta algo voltado para o sentido de promessa, de cumprimento. Desta feita, o comprometimento é um sinônimo de compromisso, de responsabilidade da parte de quem se compromete. Antônio Bittencourt, Dr. em psicologia, em uma de suas pesquisas cita uma definição importante:

> Para Kiesler e Sakamura (1966) o comprometimento é um vínculo do indivíduo com aros ou comportamentos, fazendo com que as cognições relativas a tais atos se tornem mais resistentes a mudanças posteriores. Em outras palavras, comprometimento pode ser equiparado com sentimentos de auto-responsabilidade por um determinado ato, especialmente se eles são percebidos como livremente escolhidos, públicos e irrevogáveis.[1]

1 BASTOS, A. V. B.. O Conceito de Comprometimento: Sua natureza e papel nas explicações do comportamento humano no trabalho. In: Encontro Anual Da Anpad, 1994, João Pessoa - PB. Anais do XVIII Encontro Anual da ANPAD, 1994. p. 287-304.

O autocompromisso é um dos pilares essenciais para uma vida plena e significativa. É a promessa interior que fazemos a nós mesmos de priorizar nosso crescimento, felicidade e bem-estar. É a base sobre a qual construímos uma relação saudável conosco e com os outros. Neste texto, exploraremos a importância do compromisso consigo mesmo e como cultivá-lo em nossas vidas; e assim vamos efetuando as mudanças nas nossas vidas, transformando nossa mente, pois é mais que preciso se comprometer e assumir a responsabilidade de, a cada dia, tentar ser diferente, é se apoderar da posição de atitude, de persistir em melhorar, em mudar, compreender que o tempo está nos oportunizando um novo começo.

> Se fores sábio, para ti mesmo o serás; e,
> se fores escarnecedor, tu só o suportarás.
> Provérbio bíblico

Ou seja, é importante ter sabedoria para se comprometer com as suas escolhas, visto que não é sensato ser uma pessoa volátil, que sempre muda de discurso ou não se vincula de maneira fixa a um ideal, até mesmo aos princípios ou às suas escolhas. E isso faz com que você não avance, que se mantenha numa linha medíocre da vida, e é claro que você não nasceu para viver isso, para se acomodar ao ponto de não notar que a falta de compromisso influência na sua vida, seja na área profissional, pessoal, financeira, espiritual, entre outras.

É importante entendermos que devemos nos preocupar conosco também, com os nossos trilhos e andanças, e não estamos falando de egoísmo ou algo parecido, mas sim de priorizarmos nosso autoconhecimento, claro que com a reflexão de que nossos desafios precisam ser enfrentados e respeitados, e que cabe a nós lidarmos com eles. É importante entender nossos desejos e valores, nossas necessidades e metas pessoais. Quando conhecemos a nós mesmos, podemos estabelecer compromissos que estejam alinhados com nossa verdadeira essência, o que acarreta em nossas transformações.

É interessante que essas questões se espraiam

até na nossa saúde, certo que comprometer-se consigo mesmo significa cuidar do corpo e da mente. Ou seja, quando tomamos a iniciativa de mudarmos nossos hábitos físicos, vamos programando exercícios, tendo uma alimentação saudável, buscamos auxílio para mantermos um equilíbrio emocional etc. Portanto, quando fazemos essas escolhas, estamos cumprindo nosso compromisso de preservar nosso bem-estar.

Já percebeu que todo começo de ano, nos dias iniciais mesmo, sempre nos comprometemos a fazer algo novo? A malhar, a mudar de vida, a estudar e a milhares de coisas que aparecem na telha. Mas pense... você cumpriu o que combinou? Como ficou seu comprometimento?

Óbvio que necessitamos de metas e objetivos pessoais, isso é inquestionável, mas é prudente avaliar o seu compromisso consigo mesmo. E não estou dizendo que você não pode se comprometer ou que não consegue, muito pelo contrário, acredito que nós podemos avançar com nossas metas, só precisamos nos comprometer de verdade, aliás, comprometimento é ter interesse, é ansiar por ir a fundo. Quando estabelecemos metas, estamos direcionando nossa energia para o crescimento e a realização pessoal. O cumprimento dessas metas é uma prova de nosso compromisso interior.

Comprometer-se consigo mesmo transcende a mera tomada de decisões alinhadas com nossos princípios e desejos pessoais; representa uma jornada de autodescoberta e de posicionamento, de apreender que o tempo presente nos movimenta para caminharmos. Exige não apenas a capacidade de resistir às influências externas, mas também a determinação de honrar aquilo que consideramos essencial em nossas vidas. Esse comprometimento atua como um alicerce sólido que fortalece nossa resiliência diante dos desafios que inevitavelmente encontramos em nosso caminho. Reconhecemos que as adversidades são inevitáveis, porém cada obstáculo se torna uma oportunidade de crescimento e aprendizado, tornando-nos mais resilientes à medida que seguimos adiante.

O compromisso consigo mesmo não se limita apenas a decisões pessoais; ele também envolve a habilidade de estabelecer limites saudá-

”

O compromisso consigo mesmo não se limita apenas a decisões pessoais; ele também envolve a habilidade de estabelecer limites saudáveis entre a esfera profissional e pessoal.

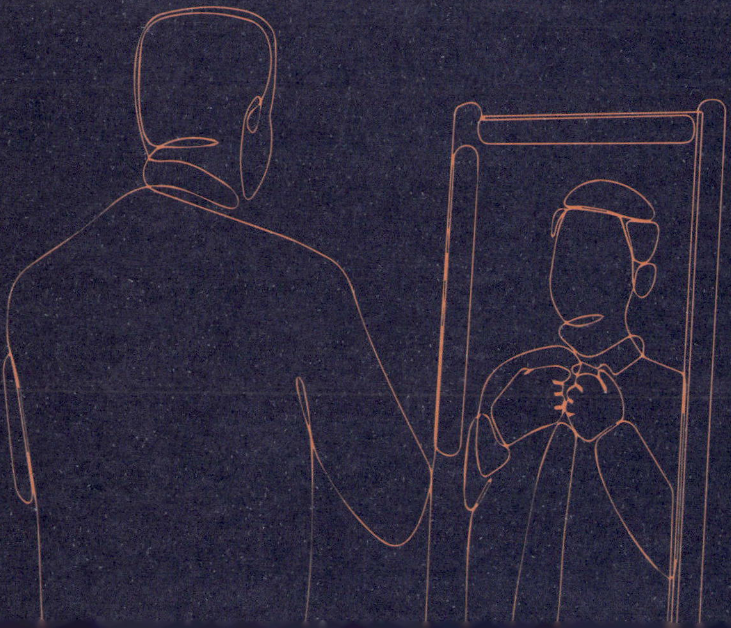

veis entre a esfera profissional e pessoal. Isso não apenas preserva nossa saúde mental e emocional, mas também garante que tenhamos tempo dedicado ao descanso, lazer e à construção de relacionamentos significativos. Assumir esse compromisso é, na verdade, um compromisso constante com o nosso crescimento. Estamos sempre dispostos a explorar novas fronteiras, a aprender com nossas experiências e a evoluir como indivíduos. Isso nos impede de estagnar e nos impulsiona em direção ao nosso potencial máximo.

O compromisso consigo mesmo é uma declaração audaz de viver autenticamente, alinhados com nossos valores, interesses e a procura por mudança. Permite-nos criar uma vida que é verdadeiramente nossa, uma expressão única do nosso ser. Finalmente, mas de forma crucial, esse compromisso incorpora a autorresponsabilidade. Reconhecemos que somos os mestres de nosso destino, os artífices de nossa própria jornada. Assumir a total responsabilidade por nossas escolhas e ações é a pedra angular desse compromisso, capacitando-nos a moldar conscientemente o curso de nossas vidas em direção à realização e às mudanças que tanto almejamos.

Okay, agora vamos seguir para uma citação inspiradora de um provérbio bíblico:

> Consagre ao Senhor tudo o que você faz, e os seus planos serão bem-sucedidos.

Uma das coisas que podemos fazer é entregar a Deus as nossas escolhas, práticas e nossos compromissos, pois se confiarmos em alguém que é capaz de prover todas as coisas, não iremos nos decepcionar ou frustrar nossos passos. Comprometimento não é algo fácil, assim como todas as coisas que fazemos é uma escolha. Ser comprometido com algo vai muito além do que só organizarmos uma rotina, um plano, um manual, é compreender profundamente que precisamos disso, que necessitamos, assim como a corça que tem sede, descrita no livro poético de Salmos. **Às vezes pensamos: "a partir de hoje vou mudar a minha vida", mas sejamos sinceros, o que fazemos no dia a dia para mudarmos o nosso viver, nossos olhares, nossas perspec-**

Às vezes pensamos: **“a partir de hoje vou mudar a minha vida“**, mas sejamos sinceros, o que fazemos no dia a dia para mudarmos o nosso viver, nossos olhares, nossas perspectivas?

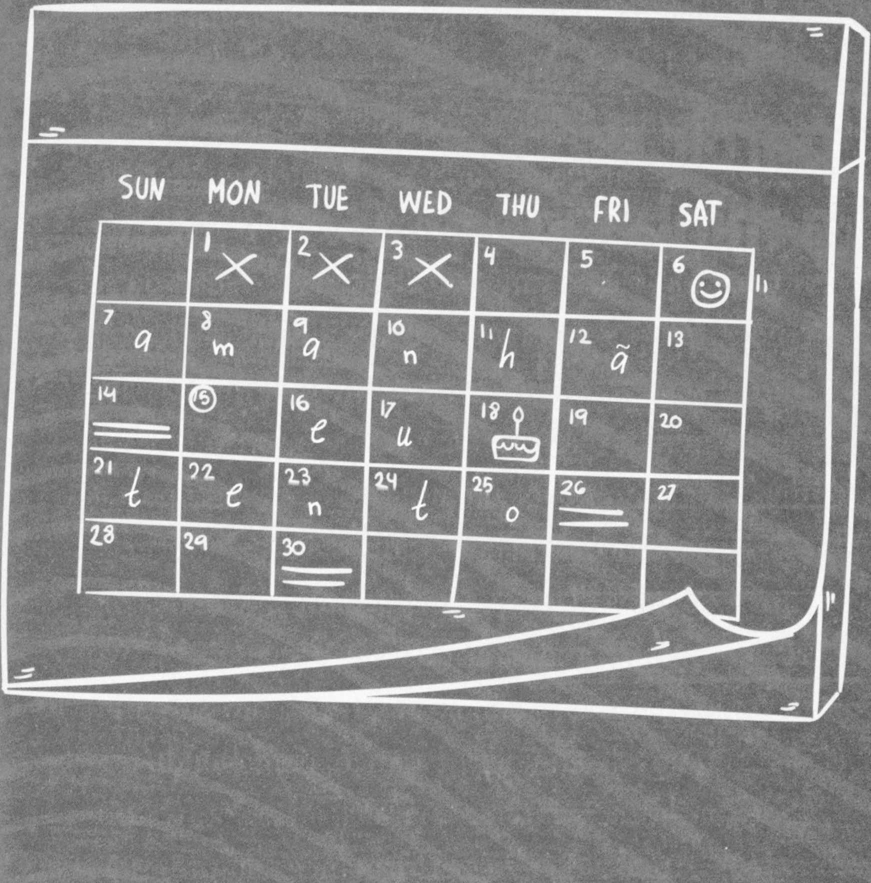

SUN
MON
TUE
WED
THU
FRI
SAT
1
2
3
4
5
6
7 a
8 m
9 a
10 n
11 h
12 ã
13
14
15
16 e
17 u
18
19
20
21 t
22 e
23 n
24 t
25 o
26
27
28
29
30

tivas? De uma vez por todas precisamos entender que comprometimento é o que nos transforma, comprometimento é o que nos guia, é aquilo que acende uma chama dentro de nós, que não nos deixa ficar no comodismo, no conformismo, na mediocridade. É uma construção, uma maneira de abastecer uma "lareira" de satisfação pessoal.

Assim também é a nossa fé, além de acreditarmos em algo precisamos fomentar o crer. Crer no sentido de ter um convicção e ir buscar, de se colocar na posição de responsabilidade, de levantar e dizer: "irei mudar minha mente, minhas atitudes, minha história". É com esse senso que vamos galgando novos patamares, que novas portas vão se abrindo e que começamos a amadurecer.

Podemos dizer que a vida é uma pista de corrida e que para chegarmos até o nosso objetivo devemos dar o nosso máximo, tornarmo-nos atletas como os de alta performance, percebendo que todo dia é preciso treinar para alcançar outros objetivos. Atletas de alta performance sempre estão dispostos a dar tudo de si para vencer a corrida. Muitos choram, sofrem e até sentem dores, mas sabem e compreendem que o resultado daquilo será prazeroso. Isso acontece porque eles se comprometem com o treinamento, com a prática diária, com uma dieta específica e uma preparação mental, isso nos serve como exemplo de comprometimento.

Essa analogia com atletas de alto desempenho serve para explicar o que necessitamos ter em nossas próprias jornadas pessoais. Eles não treinam por treinar, mas também se esforçam para serem consistentes e dedicados, estudam e ainda têm entendimento que cada treino, a boa alimentação, o tempo de descanso, tudo isso decorre no que o atleta vai expor no final.

Assim como os atletas se apegam aos seus objetivos, nós também devemos manter nosso comprometimento com as metas que estabelecemos para nós mesmos na vida. Seja na carreira, na educação, no espiritual ou em qualquer outro aspecto, o comprometimento nos levará mais perto do que almejamos, mais próximos de dias melhores, da mesma forma que os atletas de elite se aproximam de suas vitórias nas competições.

Portanto, lembre-se de que o comprometimento é a chave para alcançar o melhor de si mesmo.

Um outro exemplo que pode nos oferecer um pouco mais de entendimento sobre o que estamos falando é o que observamos em nossa sociedade: inúmeras Marias e muitos Josés, indivíduos de origens simples, que acordam de madrugada para se lançarem na busca por seus meios de subsistência, carregando sobre os ombros a responsabilidade de prover o sustento de seus entes. É notável destacar que, dentre esses trabalhadores, as mulheres, as nossas "Marias", em particular aquelas que enfrentam a árdua jornada da maternidade como mães solteiras, enfrentam fardos ainda mais desafiadores. Todavia, não abandonam o compromisso que fizeram com seus rebentos.

Não se trata de romantizar esse papel, mas de empregar uma analogia que ilustra o fato de que, no cotidiano que compartilhamos, existem indivíduos que batalham em prol dos seus comprometimentos, repletos de determinação e bravura, para se manterem firmes com as necessidades essenciais de suas vidas.

Quantos de nós, por outro lado, se limitam a reclamar sobre a realização do mínimo? Quantos negligenciam a obrigação de cumprir suas responsabilidades mais básicas? A reflexão sobre essas pessoas inspiradoras e corajosas deveria nos servir como um chamado à ação, incentivando-nos a abraçar nossas obrigações com a mesma resolução e perseverança que elas demonstram diariamente.

Para alcançar um comprometimento genuíno em qualquer área da vida é essencial estar acompanhado de perseverança. O comprometimento não é apenas uma promessa vazia ou um mero desejo, mas sim um compromisso sólido e constante com um objetivo, uma causa ou uma tarefa. No entanto, esse compromisso muitas vezes enfrenta obstáculos, desafios e momentos de dificuldade que podem minar a determinação inicial.

É nesses momentos de adversidade que a perseverança entra em jogo. A perseverança é a força interior que nos impulsiona a seguir adiante quando as coisas ficam difíceis. É a habilidade de resistir às tentações de desistir e continuar avançando, mesmo quando a jornada se torna árdua. Em outras palavras, a perseverança é a cola que mantém o comprometimento intacto.

Imagine, por exemplo, alguém que se compromete a adotar um estilo de vida mais saudável. Inicialmente, essa pessoa pode estar cheia de entusiasmo e determinação, estabelecendo metas de exercícios regulares e uma dieta balanceada. No entanto, ao longo do tempo, podem surgir desafios, como a falta de motivação, momentos de fraqueza diante de tentações alimentares ou até mesmo lesões que possam interromper a rotina de exercícios. É nesses momentos que a perseverança é crucial. Ela permite que essa pessoa continue apegada ao comprometimento de alcançar uma vida mais saudável, superando os obstáculos que surgem no caminho.

Da mesma forma, em contextos profissionais, o comprometimento com projetos ou metas de longo prazo exige perseverança para superar obstáculos, enfrentar contratempos e manter o foco mesmo quando os resultados não são imediatos.

Portanto, o comprometimento e a perseverança são parceiros inseparáveis na busca do sucesso e da realização pessoal. Ter comprometimento significa estar disposto a investir tempo, energia e recursos em uma meta ou causa. A perseverança é o escudo que nos protege quando os ventos contrários sopram, mantendo-nos no curso e nos guiando até o cumprimento desse compromisso. Portanto, para ter um comprometimento verdadeiro e duradouro, é necessário nutrir a perseverança como aliada indispensável em nossa jornada.

Por fim, o comprometimento consigo mesmo faz parte de um autodesenvolvimento, autocuidado e discernimento. É a base sobre a qual construímos uma vida significativa e gratificante. Ao honrarmos isso, não só melhoramos nossas próprias vidas, mas também influenciamos positivamente o mundo ao nosso redor, inspirando outros a fazerem o mesmo. Portanto, nunca subestime a importância de se comprometer consigo mesmo e de cuidar de sua própria jornada de vida.

Capítulo 05

Processos

No decorrer dos capítulos, falamos sobre temas fundamentais para que dias melhores se tornem realidade. Então, chegamos ao capítulo V, onde falaremos sobre processos que, aparentemente, para alguns podem parecer algo fácil, mas complexo para outros. Entretanto, os processos vão além dos conceitos, eles precisam ser vividos e aplicados! Processos não podem ficar apenas nas conversas e nos papéis, eles precisam acontecer na base, na prática, no chão... a execução de processos deve acontecer diariamente.

Como executivo e pastor, sempre observei processos! Sou um grande entusiasta dessa área. Seja nas empresas, buscando melhorias contínuas para uma melhor performance, eficiência, competitividade e lucratividade; ou no acompanhamento de gestores que estão vivendo alguma transição, ou no lidar do dia a dia com pessoas na igreja. Seja na vida pessoal ou em uma organização, só se torna possível colocando em prática o que lemos no capítulo IV (Comprometimento).

E, claro, vai além disso, pois precisamos de muito empenho e dedicação!

Todo processo tem seus percalços, alguns mais rápidos, outros mais demorados, mas cada um com seu tempo. É importante entender que para dias melhores precisaremos passar por renovações em todas as áreas de nossas vidas, mas primeiramente na nossa mente, e isso é um processo. Processos não são tão fáceis, entretanto se fazem necessários.

Todas as vezes que ouvimos a palavra "processo" já pensamos em algo complicado, sem resolução, demorado e outros adjetivos não muito bons. E até que estamos certos, pois processos geralmente são assim. Na nossa vida enfrentamos tantos desafios, uns que foram tão complexos, mas que no fim vencemos.

Mas caminharemos juntos por mais um pouco de tempo, e faço a você mais uma pergunta: quais as dificuldades você enfrenta nos seus processos?

Certo, temos nossas limitações, mas precisamos enfrentá-las, pois devemos entender que os processos não são nossos inimigos, são imprescindíveis ao nosso crescimento.

Haverá dias que você estará fatigado, com pensamentos que instigam a retroceder, mas não esqueça que voltar não é uma opção.

Segundamente, saiba respeitar os seus processos, não os odeie, pois isso só pode torná-los mais enrijecidos, dolorosos e morosos. Respeitar os próprios processos é uma jornada de autodescoberta e que se revela essencial para o nosso crescimento pessoal e bem-estar, proporcionando dias melhores. Cada indivíduo é único, com suas próprias experiências, desafios e ritmos de vida; portanto, é fundamental reconhecer e valorizar o seu próprio caminho.

O respeito pelos nossos processos começa por entender que a vida não é uma corrida, mas sim uma jornada repleta de fases e etapas distintas, cada uma com suas características, com seus mistérios a serem resolvidos. Às vezes, podemos nos sentir pressionados a atingir certos objetivos ou a seguir um determinado cronograma estabelecido por outros, talvez pela sociedade, mas a partir do momento que entendemos que cada um de nós temos um tempo diferente é que as coisas passam a mudar. No entanto, a verdadeira sabedoria está em compreender que não há uma única maneira de vencer os processos.

Respeitar seus próprios processos envolve dar a si mesmo permissão para crescer e evoluir no seu próprio ritmo. É costume do ser humano comparar sua jornada com a de outras pessoas, mas é importante lembrar que cada um tem seu próprio tempo para aprender, crescer e superar desafios, assim como entender o propósito das coisas. Não devemos nos afobar ou ficarmos tristes se os nossos processos diferem daqueles ao nosso redor, cada um tem seu momento.

Outro aspecto fundamental quanto a respeitar os nossos processos é que eles são responsáveis pelas mudanças que se espraiam nas nossas vidas, são eles que nos ensinam a ter paciência e a entender sobre como tudo funciona. Nem tudo acontece como planejamos, e muitas vezes enfrentamos obstáculos e contratempos, mas sabemos o quão estamos comprometidos com algo maior e nada nos fará desistir. Essas experiências fazem parte do nosso crescimento e nos ensinam lições valiosas. A capacidade de se adaptar e continuar avançando, mesmo quando as coisas não saem como planejado, é uma demonstração de respeito pelos próprios processos.

Nesses percalços é que começamos a nos conhecer e isso desempenha um papel crucial nessa jornada de respeito pelos nossos processos. É importante lembrar que somos seres humanos, suscetíveis a erros e imperfeições. Não somos máquinas e nem invencíveis, e tudo bem não ser perfeito, tudo bem falhar, contanto que você não estanque.

Processos são criados ou superados (no âmbito de algum processo que você possa estar vivendo) com atitudes e comportamentos que nos levem a dar sequência! Ou seja, criar formas para serem alcançadas!

Sabe, queridos, uma mente que passa por renovação compreende o passado, vive plenamente o presente e tem uma perspectiva de um bom futuro! Decerto, teremos muitos obstáculos, contudo são os processos da vida, alguns mais rápidos, outros demorados, todavia todos têm o seu tempo! As estações nos ajudam a compreender sobre ciclos! Eu não sei em qual estação, qual ciclo, qual processo a sua vida se encontra.

Mas tenho a certeza que quando estamos no propósito certo qualquer estação passa a ter um valor importante, um aprendizado eficaz e uma passagem diferente. Por isso, vamos fazer uma analogia com as estações para entendermos como os processos podem falar conosco e nos ensinar muitas coisas, estas que talvez nem valorizamos comumente, mas que se observamos a fundo, os detalhes, têm um valor profundo.

O *verão*, por mais quente que seja, podemos suportá-lo e aproveitar o melhor que ele tem para nos oferecer, como os momentos de diversão, encontrar amigos e familiares num almoço e se refrescar.

O outono, como a vida, não é o verão, e não devemos esperar que seja. Nem mesmo o inverno. O outono é uma estação de transição, e muitas vezes nos encontramos em ciclos de transição em nossas próprias vidas. Mesmo quando as folhas das árvores começam a cair, há muito a ser apre-

TENHO A CERTEZA QUE QUANDO ESTAMOS NO PROPÓSITO CERTO QUALQUER ESTAÇÃO PASSA A TER UM VALOR IMPORTANTE, UM APRENDIZADO EFICAZ E UMA PASSAGEM DIFERENTE."

ciado neste momento único.

No inverno, apesar do frio que nos envolve, podemos resistir e fortalecer nossa resiliência, explorando e conhecendo melhor várias áreas de nossas vidas. O inverno nunca será a primavera, mas é uma oportunidade de crescimento pessoal.

E quando a primavera chega, traz consigo uma explosão de cores e oportunidades. As portas da vida se abrem, e devemos aproveitar cada uma dessas oportunidades que surgem diante de nós.

As estações se repetem ano após ano, mas nunca de maneira idêntica. Elas variam em intensidade e experiências, trazendo consigo a beleza da mudança. Essas mudanças acontecem devido à inclinação da Terra em relação ao sol, e o movimento do nosso planeta ao redor do sol dura aproximadamente um ano.

Assim como as estações do ano, nossa própria jornada de vida é caracterizada por ciclos de crescimento, mudança e renovação. Devemos aprender a abraçar cada estação da vida, compreendendo que elas têm seu próprio propósito e beleza. Em vez de ansiar por uma estação que já passou ou que ainda não chegou, devemos viver plenamente o presente e apreciar todas as fases da nossa jornada, assim como fazemos com as estações que se sucedem ano a ano.

A nossa vida também segue em constante movimento em todas as áreas. Há pessoas que reclamam em todas as estações, em todos os ciclos, não valorizam os processos, o melhor de cada ciclo, o melhor que cada estação tem para oferecer. O que muitos não conseguem perceber é que em todos os ciclos da sua vida, em todas as estações Cristo pode estar presente para te auxiliar.

Quando estamos em Cristo, quando estamos cheios de Cristo, podemos não somente resistir, mas podemos aproveitar, crescer, evoluir, ser curado e prosperar em todas as estações, em todos os ciclos independentemente da geografia.

Bom, podemos crescer tanto durante os nossos processos!

Os processos, sejam eles pessoais ou profissionais, têm um poder intrínseco de ensinar lições ao longo da jornada da vida. Podemos observar que eles servem como uma escola, que a todo momento tem algo novo para contribuir e para ensinar.

Por fim, podemos dizer que os processos frequentemente envolvem a necessidade de experimentar, falhar e, em seguida, aprender com os erros. Através dessas experiências, ganhamos uma compreensão mais profunda de como alcançar o sucesso. Eles nos ensinam a importância da paciência e da persistência. Às vezes, as recompensas demoram a chegar, mas a perseverança é fundamental para alcançar nossos objetivos. Tudo o que passamos envolve mudanças e imprevistos. Aprender a se adaptar e ser flexível diante dessas situações é uma habilidade valiosa que os processos nos ensinam. Ao colaborar com outras pessoas em processos compartilhados, desenvolvemos empatia e uma compreensão mais profunda das perspectivas dos outros. Isso contribui para relacionamentos fortes, parcerias que podemos ter nos momentos mais complicados e difíceis.

Concluir um processo com êxito nos ensina a valorizar nossas conquistas. A sensação de realização e satisfação que acompanha o término de um processo nos lembra da importância de celebrar nossos sucessos. Após a conclusão de um processo, é fundamental refletir sobre o que funcionou, o que não funcionou e o que poderia ser melhorado. Essa autoavaliação constante nos permite crescer e melhorar continuamente.

Em resumo, os processos são mestres pacientes que nos orientam em nosso percurso de vida. Eles nos ensinam lições essenciais que contribuem para nosso crescimento e desenvolvimento pessoal, capacitando-nos a enfrentar desafios e abraçar oportunidades com sabedoria e resiliência. Cada processo é uma oportunidade de aprendizado, e aqueles que abraçam essas lições estão bem equipados para prosperar em sua jornada.

Por fim, podemos dizer que os processos frequentemente envolvem a necessidade de experimentar, falhar e, em seguida, APRENDER COM OS ERROS. ”

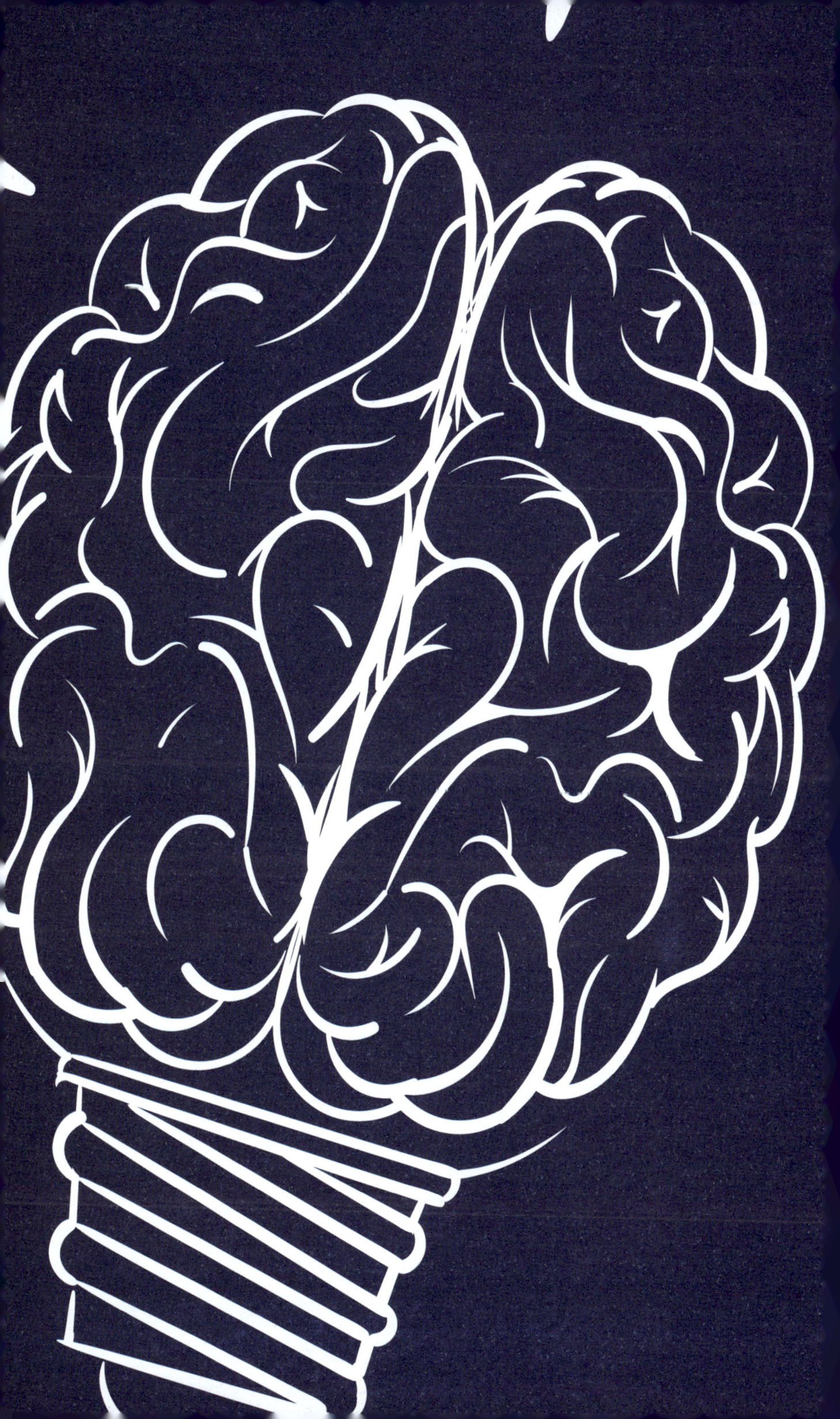

Capítulo 06

Caminhos & escolhas

Querido leitor, como vai?

Aprendemos tantas coisas nestas páginas. Eu mesmo pude refletir sobre todas essas coisas novamente e gerei, assim, novas visões e entendimentos. Mas para chegarmos aqui percorremos um caminho, e é exatamente disso que falaremos agora: caminhos e escolhas. Qual caminho estamos trilhando?

Certamente que nossos caminhos nem sempre são os mais fáceis, com uma brisa, com sombra, sem pedras... muitas dificuldades podem surgir.

Os caminhos que escolhemos nesta vida nos levam a destinos diversos, e cada escolha feita gera um resultado específico. A vida é um jogo de escolhas, podemos dizer que cada movimento desse jogo vai trazer alguma consequência, e, claro, a maneira como navegamos por esses caminhos pode fazer toda a diferença na construção de dias melhores.

Nossas escolhas refletem nossos valores e convicções, pois tendemos a escolher aquilo que

A VIDA É UM JOGO DE ESCOLHAS, PODEMOS DIZER QUE CADA MOVIMENTO DESSE JOGO **VAI TRAZER** ALGUMA CONSEQUÊNCIA.

já faz parte da nossa vivência, do nosso consciente. Cada decisão é como uma peça de quebra-cabeça, ou seja: cada coisa que optamos constrói o quadro da nossa existência. Pode ser uma escolha profissional, um relacionamento, um novo *hobby* ou simplesmente a maneira como escolhemos reagir diante de desafios. Cada uma dessas decisões molda nossa jornada e influencia diretamente na qualidade dos nossos dias. A busca por dias melhores começa com a conscientização de nossas prioridades e a coragem de tomar decisões que estejam em harmonia com essas prioridades.

Entretanto, é importante lembrar que a vida é repleta de desafios e obstáculos, e nem sempre é possível evitar situações difíceis. No entanto, a forma como escolhemos encarar esses desafios também é uma decisão. Resiliência, otimismo e perseverança podem transformar até mesmo os momentos mais desafiadores em oportunidades de crescimento e aprendizado.

Além disso, as escolhas que fazemos não afetam apenas a nós mesmos, mas também as pessoas ao nosso redor. Relações saudáveis e solidá-

“Entretanto, é importante lembrar que a vida é repleta de desafios e obstáculos, e nem sempre é possível evitar situações difíceis. No entanto, a forma como escolhemos encarar esses desafios também é uma decisão.”

rias enriquecem nossas vidas e contribuem para a nossa construção como indivíduos (lembram do capítulo sobre o impacto no ambiente?). Escolher a empatia, a compaixão e a gentileza em nossas interações diárias cria um ambiente de positividade que se reflete em nosso bem-estar, também podemos nos tornar inspirações para outras pessoas, até mesmo ser a imagem de Cristo.

Portanto, compreender a importância das escolhas e dos caminhos que traçamos em nossa jornada é o primeiro passo para dias melhores. Cada decisão é uma oportunidade para nos aproximarmos de uma vida mais significativa, gratificante e feliz. E quando nos tornamos conscientes desse poder, somos capazes de moldar nosso destino e, consequentemente, desfrutar de bons frutos advindos desses caminhos.

Durante cinco anos da minha vida eu viajei muito e tive a oportunidade de conhecer muitos lugares, e assim pude conhecer culturas diferentes, culinária exóticas, pessoas com sotaques das suas regiões, observar o tempo e o clima, claro que também pude perceber as dores da sociedade, as problemáticas de cada lugar, mas tudo isso faz parte das experiências que podemos ter.

Mas passar 10/16 horas dentro de um avião e fazer escalas era algo muito ruim para mim, acho que para todo mundo, mas o que interessa é aonde chegaremos. E uma das coisas mais difíceis para grande maioria das pessoas é o caminho, porque nem sempre ele é agradável, acredito que nunca queremos o caminho mais difícil ou demorado. Mas qual o seu destino?

O caminho é o único processo para chegarmos ao destino; e o caminho é o único processo para vivermos o futuro.

É no processo do caminho que temos grandes experiências, é no caminho que amadurecemos, no caminho somos transformados! O caminho que percorremos na vida é muito mais do que apenas um meio para atingir um fim. É, em si, um campo fértil para experiências enriquecedoras e transformações profundas. Nossa jornada não é apenas a busca de um destino final, mas uma oportunidade contínua de aprendizado e crescimento. À medida que caminhamos, enfrentamos desafios que nos obrigam a adaptar, aprender com nossos erros e, em última análise, amadurecer. Cada passo no caminho nos apresenta novas perspectivas, nos permite conhecer pessoas diferentes e nos coloca diante de escolhas cruciais que moldam nosso caráter e nossos valores. Assim, o próprio ato de seguir adiante é um processo de evolução constante, que nos torna seres mais sábios, compassivos e resilientes. **Portanto, o caminho não é apenas uma ligação ao destino, mas sim uma jornada rica em experiências, oportunidades e transformações que nos moldam, tornando-nos indivíduos mais completos e conscientes.**

Caminho é lugar de aprendizado!

Eu sei que muitas pessoas têm dificuldades de escolher os caminhos, têm resistências com eles, porque pode ser bem longo, desconfortável e chato! E decerto, já foi falado aqui, nem todo caminho é confortável. Às vezes a estrada que estamos percorrendo nesse momento da vida pode ser uma estrada de elevações, sem pavimentação, por estarmos cansados, às vezes tristes e abatidos, a caminhada se torna mais difícil!

O caminho às vezes nos preocupa tanto, nos pesa tanto, nos destrói tanto, que não conseguimos fazer as escolhas certas para ir para o próximo nível na caminhada da vida. Na caminhada é tanta preocupação, é tanta atenção e tensão, são tantos detalhes que em algumas ocasiões não reconhecemos as oportunidades que estão diante de nós! Nossas escolhas determinam os nossos caminhos e até mesmo o nosso sucesso!

Só que às vezes fazemos escolhas tão ruins que quando percebemos estamos em um caminho que nos leva a um beco sem saída, e muitas vezes nos encontramos em becos sem saídas.

Mas tenha certeza que esse não é o fim do mundo!

Em becos sem saídas ideias extraordinárias podem surgir, pessoas fantásticas podem aparecer, milagres podem acontecer.

Salomão, um dos reis mais sábios que já existiu, nos ensina que devemos ter muita cautela com as oportunidades que surgem, com as portas que se abrem, pois nem todas são para nós ou para aquele tempo específico, e uma vez que escolhemos e seguimos por aquela direção, por mais que voltemos atrás, sempre teremos consequências.

Há escolhas que nos levam a caminhos que nos conduz a morte e essa morte não é só física, pode ser o fim da linha para um emprego, para um avanço profissional, financeiro, para o seu casamento, pode ser a morte da sua família, pode ser a morte de um projeto ou sonho, pode ser a morte da sua vida ministerial.

Entendo que é importante sempre nos situarmos onde a nossa vida se encontra geograficamente!

Com toda certeza estamos em fases diferentes da vida, passando por caminhos diferentes, que são reflexos na maioria das vezes das escolhas que fizemos, e hoje enfrentamos desafios diferentes.

Não importa o quão exausto, perdido ou correto você esteja... É SEMPRE POSSÍVEL REVER OS CAMINHOS E PASSAR A ACERTAR NAS ESCOLHAS!

Quando optamos por um caminho em detrimento de outro, decidimos o nosso destino. Cada escolha nos leva a destinos diferentes, com experiências únicas, desafios singulares e oportunidades especiais. Seja na carreira, nos relacionamentos, nas aspirações pessoais ou nas jornadas espirituais, as escolhas determinam o terreno que percorremos.

As escolhas nem sempre são fáceis, e muitas vezes enfrentamos dilemas e incertezas. Contudo, é nesse processo de tomada de decisão que descobrimos mais sobre nós mesmos, nossas capacidades e limitações. Cada escolha, mesmo as que parecem erradas, é uma oportunidade de aprendizado e crescimento.

O poder de escolher é uma dádiva que nos permite moldar nossa própria história. Assumir o controle das nossas escolhas é assumir o controle do nosso destino.

O PODER DE ESCOLHER É UMA DADIVA QUE NOS PERMITE MOLDAR NOSSA PRÓPRIA HISTÓRIA. ASSUMIR O CONTROLE DAS NOSSAS ESCOLHAS É ASSUMIR O CONTROLE DO NOSSO DESTINO.

À medida que trilhamos os caminhos que selecionamos, devemos lembrar que, embora possamos não ter controle sobre todas as circunstâncias, sempre temos controle sobre como respondemos a elas.

A vida é uma jornada repleta de escolhas, e a compreensão de que os caminhos são feitos de decisões nos capacita a viver de forma mais consciente, autêntica e alinhada com nossos valores e nossas aspirações. Cada escolha é uma oportunidade para criarmos um futuro que seja verdadeiramente nosso, onde os caminhos que percorremos sejam a manifestação dos nossos desejos mais profundos e das nossas ambições mais elevadas. Portanto, escolham com sabedoria, pois os caminhos que trilhamos são a encarnação das nossas escolhas, e é nelas que forjamos o destino da nossa vida.

Os caminhos difíceis nos ensinam lições que não seriam aprendidas de outra forma. Eles nos obrigam a desenvolver resiliência, determinação e criatividade para superar as adversidades. Cada desafio enfrentado ao longo do caminho é uma oportunidade de crescimento pessoal, de aprimorar nossas habilidades e de ampliar nossa compreensão do mundo.

Além disso, os caminhos difíceis muitas vezes nos conduzem a destinos surpreendentemente recompensadores. A jornada árdua e o esforço constante podem levar a realizações significativas, conquistas pessoais e a uma sensação profunda de autoestima. A satisfação de superar obstáculos e alcançar nossos objetivos em um caminho difícil é incomparável.

A persistência nos caminhos difíceis também nos conecta com nossa resiliência interior e nos prepara para enfrentar desafios futuros. A experiência de superar adversidades fortalece nossa confiança e nos capacita a encarar o desconhecido com coragem.

Lembre-se de que, muitas vezes, as recompensas dos caminhos difíceis não são imediatas. É um investimento a longo prazo, um esforço continuado que, ao final, proporciona uma realização. As dificuldades, apesar de desafiadoras, podem se tornar uma parte essencial do nosso crescimento e enriquecimento pessoal.

Assim, ao enfrentar caminhos difíceis, é importante manter a visão de que, no final, a jornada valerá a pena. Cada passo dado, cada obstáculo superado nos levará a um lugar melhor, onde as lições aprendidas e as conquistas alcançadas tornarão a jornada inestimável. Os caminhos difíceis, no final das contas, podem ser os que mais nos transformam e nos conduzem a uma vida mais gratificante e significativa.

Caso escolhamos um caminho que se mostre desafiador, insatisfatório ou prejudicial, temos o poder de fazer uma nova escolha. A vida é generosa nesse sentido, concedendo-nos oportunidades de retificação. No entanto, é fundamental abraçar essa lição com humildade e aprendizado. Escolher um novo caminho requer autoconsciência e a compreensão das razões que nos levaram à decisão anterior.

Às vezes, escolhemos caminhos que nos proporcionam experiências valiosas e aprendizado, mesmo que pareçam errados no início. A adversidade pode nos fortalecer e preparar para futuros desafios. Portanto, em vez de lamentar as escolhas passadas, podemos aprender com elas e aplicar esse aprendizado ao selecionar caminhos futuros.

A arte de escolher e recomeçar nos lembra que nossas vidas são dinâmicas, mutáveis e, às vezes, imprevisíveis. A cada momento, temos a oportunidade de direcionar nossas vidas em direção a um destino mais alinhado com nossos valores, aspirações e propósito.

Nunca é tarde para fazer uma escolha melhor. A jornada da vida é caracterizada por sua capacidade de transformação contínua, e nossas escolhas são o meio pelo qual forjamos nosso próprio caminho. Assim, abracemos o poder das escolhas conscientes, aprendamos com nossos erros e sigamos adiante, confiantes de que, no final, nossas escolhas nos levarão a dias melhores.

Conclusão

Chegamos à conclusão, e eu acredito que juntos aprendemos muitas coisas! Mas há algo muito importante que fará toda a diferença: a prática de tudo que você absorveu ao longo da leitura. **A mudança e o crescimento começam com entendimento, com uma escolha e em seguida com a prática.**

É difícil no princípio, mas com o compromisso e exercício adequado, prática dia após dia, você conseguirá mudar e se tornar melhor do que você possa imaginar para produzir Dias Melhores. No decorrer desse processo de transformação iremos nos cansar, desanimar, sabemos que não será somente sombra e água fresca.

Serão momentos de altos e baixos em nossa jornada, mas procure ter fé e ver o lado positivo. **Não transforme quebra-molas, ou lombadas como dizem em alguns lugares, em montanhas, isto é maximizar os desafios e problemas. Faça ao contrário: transforme montanhas em quebra-molas.** Eu sempre escolhi transformar as montanhas que surgem ao longo da vida em quebra-molas, daí fica muito

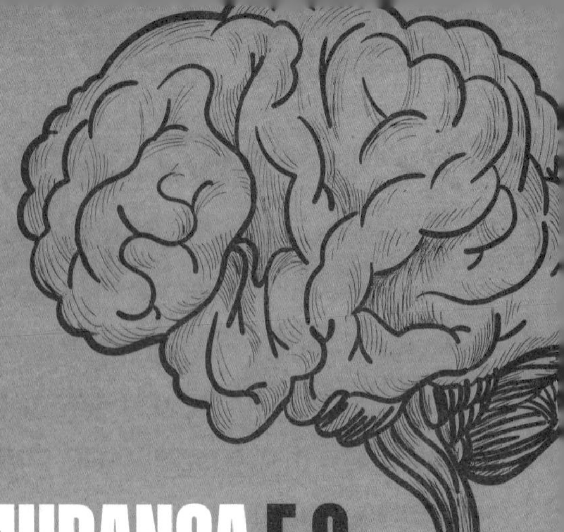

A MUDANÇA E O CRESCIMENTO COMEÇAM COM ENTENDIMENTO, COM UMA ESCOLHA E EM SEGUIDA COM A PRÁTICA.

Não transforme quebra-molas, ou lombadas como dizem em alguns lugares, em montanhas, isto é maximizar os desafios e problemas. Faça ao contrário:

transforme montanhas em quebra-molas.

mais fácil passar e até mesmo tirar da frente.

Possivelmente ao longo da sua vida, você adquiriu marcas físicas, marcas emocionais. Em todo o seu processo de vida muita coisa aconteceu, e com toda certeza muita coisa mudou, você foi expandido, alargado... não é mais o mesmo.

Ter o privilégio de ouvir e conhecer a história de muitas pessoas me fez descobrir muitos vencedores, pessoas que aparentemente não tinham nenhuma habilidade ou possibilidade de construir Dias Melhores, mas acreditaram em si mesmo e decidiram buscar uma transformação começando pela sua mente, que fluiu em boas colheitas e grandes conquistas.

Gosto sempre de lembrar que a sociedade está recheada de grandes medalhistas, homens e mulheres aparentemente comuns, mas são extraordinariamente grandes vencedores!

O mundo talvez não os conheça, a mídia talvez nunca publicou nada sobre eles, é possível que nunca tenham subido em um pódio, entretanto, são pessoas brilhantes, superaram e venceram muitos obstáculos, gigantes inacreditáveis, desafios perturbadores. Homens e mulheres comuns que não desistiram, lutaram incansavelmente até o fim, se reinventaram, se superaram e se tornaram grandes vencedores e construtores de Dias Melhores.

Há algo que não podemos deixar de refletir: a importância de ouvir e valorizar as pessoas, pois podemos aprender muito com elas e com as suas histórias, sempre compartilhei sobre e o quanto isso faz a diferença.

Trate sempre as pessoas bem. Isso porque dentro de uma pessoa existem infinitas possibilidades. Você pode estar diante de uma pessoa sensacional, extraordinária, que você pode se alegrar um dia em dizer "eu conheci essa pessoa". Você pode estar diante de uma pessoa que só faz o bem. Você pode estar diante de uma pessoa que só conheceu o mal, mas viu uma luz em você.

Trate as pessoas bem. Seja uma pessoa do bem. Afinal, só podemos dar aquilo que temos.

Tem uma música que foi muito tocada nos anos 2000, da banda Jota Quest, e o refrão da música é: "Vivemos esperando o dia em que seremos melhores, melhores no amor, melhores na dor, melhores em tudo... Dias Melhores para sempre".

Por muito tempo refleti e compartilhei sobre essa letra, que de fato é inspiradora, mas **esperar por dias melhores não produz dias melhores. Dias melhores precisam ser construídos e vividos no presente para que o futuro seja também o reflexo do que já foi gerado.** Por isso, faça acontecer é mais do que um subtítulo para este livro, mas uma necessidade real em nossas vidas.

Se cada um de vocês que estão terminando essa leitura se comprometerem e decidirem se tornar um agente de transformação para promover Dias Melhores, a começar por si mesmo, certamente isso fluirá em sequência para as pessoas que estão próximas de nós, para as nossas famílias, amigos, comunidade e consequentemente para o mundo. Não tenho dúvida que se estivermos com os nossos princípios e valores bem alinhados e praticarmos o que fomos incentivamos nesta leitura, relacionamentos não serão mais os mesmos, casamentos, amizades, parcerias, nosso ambiente de trabalho, estudo não será mais o mesmo, pois se tornarão muito melhores.

Vou te contar porque eu decidi viver dias melho-

Esperar por dias melhores não produz dias melhores. Dias melhores precisam ser construídos e vividos no presente para que o futuro seja também o reflexo do que já foi gerado.

res. No início da minha juventude sofri um acidente de carro potencialmente fatal, eu poderia não estar mais aqui para te dizer isso, mas tenho a oportunidade agora de dizer que viver é uma dádiva. Após esse ocorrido decidi ter um novo compromisso com a vida e não posso desperdiçá-la. Você também não pode. Mesmo que esteja passando por um momento que não tenha ânimo ou perspectiva de vida. Isso é apenas uma fase e vai passar, como outras já passaram e você chegou até aqui. Agora você está decidido a conquistar e irá vencer. Acredite, tudo é possível ao que crê.

Que você possa viver uma constante transformação, que você busque e queira todos os dias se renovar. Aproveite os processos, pois podemos até odiá-los, mas não podemos fugir deles. Acredite, a renovação é necessária, e Deus tem o melhor para você e para mim.

Viva a plenitude em sua vida, construa e viva Dias Melhores.

PENSE, REFLITA & VIVA!

Quer continuar aprendendo como fazer acontecer dias melhores hoje?

Siga-nos pelo QR